卷首语

《最新法律文件解读》是一套以为最新法律规范提供同步"解读"为主的系列丛书，分为刑事、民事、商事、行政与执行4个分册，按月出版。

本丛书以"解读"为重点，突出全、专、新、快、准等特点，通过对最新出台的法律、法规、司法解释、部门规章以及重要地方性法规进行同步动态解读，弥补了法律、法规、司法解释汇编类出版物没有同步阐释、解读内容的不足，为广大读者学习理解最新法律规范，正确贯彻执行法律文件，及时解决实践中的新情况、新问题，提供一个全方位、多层面的法律信息平台。

本辑遵循丛书确立的宗旨，收录了以下内容：《关于开展期货市场账户规范工作的决定》与解读；《中小企业划型标准规定》与解读；解读《最高人民法院关于适用〈中华人民共和国企业破产法〉若干问题的规定(一)》中，对该司法解释出台的背景和目的、认定债务人是否具备破产原因的判断标准、举证责任的分配、破产案件诉讼费用的收取、进行破产申请审查时应注意的问题、上级人民法院的审判监督职责等规定进行了详细的释解；解读《最高人民法院关于审判人员在诉讼活动中执行回避制度若干问题的规定》中，起草人对该规定的主要内容、自行回避或申请回避、职权回避、离任回避、从业回避等方面进行了全面深入的阐释；司法工作热点问题研究栏目收录了《论商号权的法律保护》；新类型疑难案例选评栏目收录了向敏国与向敏华经营权确认纠纷案、贾学才与中国农业银行股份有限公司保山分行储蓄存款合同纠纷案及法官点评。

图书在版编目(CIP)数据

商事法律文件解读．总第80辑/奚晓明主编．—北京：人民法院出版社，2011.11

(最新法律文件解读丛书)

ISBN 978-7-5109-0334-2

Ⅰ.①商…　Ⅱ.①奚…　Ⅲ.①商法-法律解释-中国

Ⅳ.①D923.995

中国版本图书馆 CIP 数据核字(2011)第232696号

商事法律文件解读．总第80辑

主编　奚晓明

责任编辑　姜　峤

出版发行　人民法院出版社

地　　址　北京市东城区东交民巷27号　邮编　100745

电　　话　(010)67550573(责任编辑)　67550558(发行部查询)

　　　　　65223677(读者服务部)

网　　址　http://www.courtbook.com.cn

E - mail　courtpress@sohu.com

印　　刷　北京人卫印刷厂

经　　销　新华书店

开　　本　787×1092毫米　1/16

字　　数　140千字

印　　张　8

版　　次　2011年11月第1版　　2011年11月第1次印刷

书　　号　ISBN 978-7-5109-0334-2

定　　价　16.00元

《最新法律文件解读》丛书
编　委　会

责任编辑　姜　峤

电　　话　（010）67550573

邮　　箱　jiang9919@126.com

目　录

【部门规章、部门规章性文件与解读】

部门规章、部门规章性文件与解读

中国证券监督管理委员会
关于开展期货市场账户规范工作的决定

2011年8月25日　　　　　　证监会公告〔2011〕20号

为进一步规范期货市场账户管理，建立更加真实、准确、完整的客户资料库，夯实期货市场规范发展基础，现决定开展期货市场账户规范工作（包括休眠账户的处理及历史账户的规范），现将相关事项公告如下：

一、期货市场账户规范工作的基本要求

（一）处理休眠账户

1. 期货市场休眠账户是指截至认定日，同时符合开户时间一年以上、最近一年以上无持仓、最近一年以上无交易（含一年）、认定日的客户权益在1000元以下（含1000元）4个条件的账户。具体认定标准见《期货市场账户规范工作实施细则》（以下简称《实施细则》，见附件）。

2. 根据《期货交易管理条例》和《期货市场客户开户管理规定》（证监会公告［2009］24号，以下简称《开户管理规定》），各期货公司和期货交易所应当按照《实施细则》的要求对休眠账户进行认定和休眠处理，限制休眠账户的开新仓交易权限。

3. 休眠账户在本次规范工作完成后申请激活时，应当先进行规范，然后再办理激活。

（二）规范历史账户

1. 历史账户是指在期货公司根据《开户管理规定》接入统一开户系统前，直接通过期货交易所生成全部或部分交易编码的账户，具体认定标准见《实施细则》。

2. 历史账户应当按照《开户管理规定》的要求进行自查规范，具体要求见《实施细则》。

3. 各期货公司应当对历史账户进行检查，联系客户进行规范，将符合要求的账户资料通过统一开户系统上报中国期货保证金监控中心公司（以下简称监控中心）和期货交易所接受检查，并根据检查结果做相应处理，具体要求见《实施细则》。

4. 根据《期货交易管理条例》和《开户管理规定》，对于逾期不能规范到位的账户，期货公司和期货交易所应当暂停其开新仓。

二、期货市场账户规范工作的时间要求

（一）第一阶段：从本公告发布之日至2011年10月31日，各相关单位进行系统升级，各期货公司同步开展自查规范工作。

1. 合休眠条件的客户进行标识、监控中心、期货交易所和期货公司分别完成系统升级，使与开户工作相关的各系统具备开展账户规范工作的各项功能。

2. 各期货公司开展账户自查、分类、联系客户、补充资料和规范整改等前期工作。

在本阶段工作的前期，期货公司应当根据本公告要求，抓紧制定本公司的账户规范工作方案，明确程序、方式和时间安排，并以适当方式告知客户。

（二）第二阶段：从2011年11月1日至2012年5月31日，各单位通过升级后的系统完成期货市场账户规范工作。

期货公司通过统一开户系统报送账户休眠申请和经过自查规范的历史账户资料，监控中心和期货交易所进行相应检查和处理，期货公司根据检查反馈情况对客户账户做进一步规范，直至完成休眠处理或账户规范。

1. 休眠账户应当在2011年12月31日前在期货公司和期货交易所分别完成休眠处理工作。

2. 客户权益在100万元以上账户（具体认定标准见《实施细则》），应当在2011年12月31日前通过监控中心和期货交易所规范检查。

3. 客户权益在100万元以下账户应当在2012年5月31日前通过监控中心和期货交易所规范检查。

在保证上述3项工作按时完成的前提下，期货公司可同步开展3项工作。

（三）第三阶段：冻结逾期未通过规范检查账户的开新仓权限。

各期货公司应当从2012年1月1日至2012年1月31日完成冻结逾期

未通过规范检查的客户权益在100万元以上账户开仓权限的工作，从2012年6月1日至2012年6月30日完成冻结逾期未通过规范检查的客户权益在100万元以下账户开仓权限的工作。如上述账户今后按要求完成规范上报工作，可在规范工作完成后第二个交易日恢复开仓权限。

本次期货市场账户规范工作完成后，常态化的休眠账户认定和处理工作将根据监管要求于2012年通过统一开户系统开展。期货公司按要求定期对满足休眠条件的账户进行休眠处理。有关常态化休眠账户的处理工作另行通知。

三、期货市场账户规范工作的组织实施

中国证监会统筹安排期货市场账户规范工作。监控中心负责组织协调具体实施工作，根据需要适时研究、发布业务操作问题解答，更好地指导账户规范过程中各项具体工作。各期货交易所按照本公告要求开展账户规范日常工作。各证监局监督、指导和检查本辖区期货公司的账户规范工作，将期货公司完成账户规范工作的质量和进度作为期货公司日常监管的重要内容。中国期货业协会进一步完善与客户开户管理相关的行业自律规则，引导全行业积极开展账户规范工作。

进一步加强期货市场账户的规范和管理，是期货市场稳步发展的重要基础。账户规范工作是维护“三公”原则，切实保障客户合法权益的重要举措。希望广大客户正确认识，以认真负责的态度，积极配合期货公司完成好此项工作。

附件：

期货市场账户规范工作实施细则

为进一步明确期货市场账户规范工作中的各项业务操作要求，做好休眠账户的处理及历史账户的规范工作，制定本实施细则。

一、账户的认定标准

（一）期货市场休眠账户认定标准：

1. 期货市场休眠账户是指截至2011年8月31日，同时符合开户时间一年以上、最近一年以上无持仓、最近一年以上无交易（含一年）、2011年8月31日结算后客户权益在1000元以下（含1000元）4个条件的账户。

2. 休眠账户以期货公司内部资金账户为单位进行认定。某客户在多家期货公司开户的，各期货公司各自认定是否属于休眠账户，分别上报休眠申请。各期货交易所仅处理该客户在提出申请期货公司下的交易编码，不对该客户在其他期货公司下的交易编码进行休眠处理。

3. 各期货公司应当以2011年8月31日为认定日，对休眠账户进行最终认定。同时符合2010年8月31日之前开户（含该日），2010年8月31日（含该日）至2011年8月31日（含该日）期间无持仓、无交易，2011年8月31日结算后客户权益在1000元以下（含1000元）4个条件的账户即认定为休眠账户。

4. 各期货公司应根据此认定标准自行对客户进行休眠账户认定。中国期货保证金监控中心公司（以下简称监控中心）将在工作开展初期根据掌握的资料向各期货公司提供休眠账户清单，作为休眠账户认定工作的参考依据。

（二）统一开户账户的认定标准：

统一开户账户是指通过统一开户系统生成所有交易编码的账户。

（三）历史账户的认定标准：

历史账户是指在期货公司根据《期货市场客户开户管理规定》（证监会公告［2009］24号）接入统一开户系统前，直接通过期货交易所生成全部或部分交易编码的账户。对于部分交易编码通过统一开户系统、部分交易编码通过期货交易所系统生成的客户，其账户仍属于历史账户。历史账户通过本次规范工作，又可分为已规范账户、待规范账户和逾期未规范账户。

已规范账户是指在本次账户规范工作规定的时间内，资料已上报监控中心并通过检查、反馈成功的历史账户。

待规范账户是指在本次账户规范工作规定的截止时间前，资料尚未上报监控中心、未通过监控中心和期货交易所检查，或反馈未成功的历史账户。

逾期未规范账户是指在本次账户规范工作规定的时间内，资料未上报监控中心，未通过监控中心和期货交易所检查，或反馈未成功的历史账户。

（四）权益在100万元以上账户的认定标准：

权益在100万元以上账户是指2011年8月31日结算后客户权益在100万元以上（含100万元）的账户。客户权益以期货公司内部资金账户为单位进行认定。一个客户在多家期货公司开户的，由各期货公司分别认定。

二、第一阶段工作要求

（一）期货公司应按照实名制、一户一码和统一开户制度的相关要求对账户的规范性进行自查，特别要严格自查客户实际资金存取账户是否与户名一致。客户资料内容格式的检查标准为统一开户客户交易编码申请表的填报要求。

（二）自查过程中，期货公司发现客户名称和证件号码有误但期货经纪合同中名称号码正确的，可以以修改客户资料的方式完成规范并上报。但对于期货经纪合同中名称本身就错误的客户，除特殊情况外，期货公司原则上应要求客户以正确身份信息重新申请编码，原编码不能再进行开仓交易。

（三）一个客户在一家期货公司只能申请一个内部资金账户，一个客户在一家期货交易所只能申请一个客户号。期货公司应及早告知客户，如某客户以往通过错误资料获得多个客户号的，该客户只能选择保留其中一个账户并申请规范，其他账户将不能通过监控中心或期货交易所的一户一码检查，在规范工作结束后将被冻结开仓权限。

（四）期货市场单位客户开户以组织机构代码进行唯一性检查，期货公司应尽快通知单位客户补办补报组织机构代码证，并做好相关资料的留存工作。

（五）对于满足休眠账户条件的客户，期货公司可以暂缓对其资料进行规范，待激活时再补全并规范客户资料。

三、第二阶段工作要求

（一）休眠账户的处理

1. 休眠处理

（1）期货公司应当通过升级后的交易结算系统提供的功能，将休眠账户标记为休眠状态，并在规定期限内通过统一开户系统提交休眠申请。监控中心将休眠申请直接转发期货交易所，期货交易所在系统中对休眠账户进行标记，并将处理结果反馈监控中心，监控中心据实转发期货公司。

期货公司可通过期货交易所会员服务系统查询客户的休眠状态，也可通过统一开户系统 Web 终端查询各交易编码的休眠处理结果。

（2）各期货公司应在监控中心反馈账户休眠成功后的下一个交易日，限制休眠账户开仓权限。对休眠账户的其他处理措施根据期货公司各自管理制度自行安排。

（3）对于休眠账户，监控中心投资者查询服务系统仍可提供查询。各期货公司报送保证金安全存管数据时应逐一上报休眠账户，不得将所有休眠账户的总权益放入一个账户中打包上报。

（4）在确保休眠工作按时完成的前提下，期货公司也可以根据实际情况同步开展对非休眠账户的规范工作。

2. 休眠账户的激活

客户申请休眠账户激活时，期货公司可以通过统一开户系统提交激活休眠账户申请，将休眠账户转化为非休眠账户。在账户规范工作期间，期货公司可先对休眠账户进行激活，将其转为非休眠账户，然后再进行规范；也可以先对休眠账户进行规范，将其转化为已规范账户，再申请激活。期货市场账户规范工作结束后，休眠账户的激活必须按先规范、后激活两个步骤进行。

休眠账户激活成功后的下一个交易日方可进行交易。

3. 休眠账户的注销和资料变更

对于统一开户账户和已规范账户中的休眠账户，期货公司应通过统一开户系统办理注销和资料变更。

对于待规范账户中的休眠账户，期货公司应通过期货交易所会员服务系统办理注销和资料变更。但对于其中部分交易编码通过统一开户系统生成、部分交易编码通过期货交易所会员服务系统生成的账户，操作方式是：通过统一开户系统生成的交易编码仍然通过统一开户系统办理注销和资料变更；通过期货交易所会员服务系统生成的交易编码仍然通过期货交易所会员服务系统办理注销和资料变更。

（二）历史账户的规范

1. 期货公司应当通过升级后的交易结算系统提供的功能，将所有历史账户设置为“待规范”状态。

2. 期货公司按照统一开户客户交易编码申请表的要求补齐客户资料，补录交易结算系统，并对客户资料进行内容完整性、格式正确性的检查，按照统一开户的要求对开户进行实名制审核。补录客户资料时应注意核实客户实际开户日期和交易编码等信息。

3. 期货公司可通过统一开户系统以接口调用、文件导入或 Web 界面 3 种方式上报规范后的资料。

4. 监控中心和期货交易所应对期货公司上报的资料进行检查。监控中心按照统一开户的要求对期货公司报送的客户资料进行复核，依据统一开户系统客户资料库进行一户一码检查，检查通过后转发期货交易所做相应检查处理。未通过监控中心或期货交易所检查的，监控中心向期货公司反馈相应原因，期货公司修改后可重新上报。通过监控中心和期货交易所检查的，期货交易所依据通过检查的资料更新客户资料库，监控中心将客户资料保存在统一开户系统客户资料库中，并向期货公司反馈规范成功的结果，期货公司系统自动将账户标记由“待规范”转为“已规范”状态。至此，该账户规范工作完成。

5. 已规范账户的注销和资料变更应通过统一开户系统办理。

6. 待规范账户的注销和资料变更应直接通过期货交易所会员服务系统办理。但对于其中部分交易编码通过统一开户系统生成、部分交易编码通过期货交易所会员服务系统生成的账户，操作方式是：通过统一开户系统生成的交易编码仍然通过统一开户系统办理注销和资料变更；通过期货交易所会员服务系统生成的交易编码仍然通过期货交易所会员服务系统办理注销和资料变更。

7. 其他事项

（1）除客户基本身份信息外，统一开户系统允许不同的期货交易所分别维护各自市场的客户资料功能。本次规范工作中，要求各期货公司结算系统默认向各期货交易所提供同样一套规范客户资料。对于部分交易编码通过统一开户系统生成的客户，其留存统一开户的客户资料也将被此次规范资料覆盖。期货公司也可选择仅将规范资料报送部分期货交易所，或分不同的期货交易所报送不同的规范资料。

（2）期货公司应按照统一开户的格式要求上传历史账户的影像资料，报送方式沿用现有统一开户影像资料报送模式。

（3）算系统客户账户的规范要求家期货交易所只能申请一个客户号。如在本次规范工作中，对实名制人工验证流程做如下调整：对于未通过实名制验证的客户，期货公司按照相关手续复核确认后，不需要向监控中心提交户口本或公安机关的证明材料复印件，但需要向监控中心批量提交《期货公司历史账户身份信息复核确认表》（见附件），期货公司需自行保存有关证明材料。

四、第三阶段工作要求

（一）期货公司应分别向期货交易所报送逾期未规范的客户权益在100万元以上的账户清单，以及逾期未规范的客户权益在100万元以下的账户清单，期货交易所和期货公司双方核实确认后同步冻结相关账户的开仓权限。

（二）逾期未规范账户在本次期货市场账户规范工作完成后按要求完成规范上报工作的，可在规范工作完成后第二个交易日解除开仓限制。

（三）对于逾期未规范账户，监控中心投资者查询服务系统仍提供查询服务。期货公司仍然按照保证金安全存管的要求报送数据。

附件：期货公司历史账户身份信息复核确认表（略）

解读

《关于开展期货市场账户规范工作的决定》

证监会有关部门负责人

一、期货市场账户规范工作的背景

近年来，中国证监会认真贯彻落实党中央、国务院关于稳步发展期货市场的战略部署，始终将规范市场的基础性工作作为期货市场监管与发展重点，在完善开户环节管理制度，规范期货市场账户管理方面做了很多工作。

2008年，我会开展了进一步加强期货公司开户环节实名制的检查工作，为规范账户管理工作打下了基础。

2009年，在期货市场规模快速增长的情况下，我会建立了统一开户系统，在期货市场全面实施了统一开户制度，从根本上完善了期货市场开户环节的管理，及时解决了期货市场快速增长的新增账户的规范问题，也为解决存量账户的规范创造了条件。

2009年11月以来，统一开户系统运行平稳，统一开户制度经历了实践的检验。自2010年2月，股指期货开户业务已通过统一开户系统有序开展。集中精力规范期货市场存量账户的时机已经成熟。为此，我会自2010年上半年开始，启动了规范统一开户前存量账户的方案研究设计工作。

与统一开户工作相同，期货市场账户规范工作由我会统一领导，授权监控中心负责具体实施。经过一年多的精心准备，方案设计论证、规则起草、系统开发测试等账户规范的前期准备工作已基本就绪。在这种情况下，我们发布了《关于开展期货市场账户规范工作的决定》，正式启动了此项工作。

二、目前期货市场账户管理中存在哪些问题，期货市场账户规范工作的意义

目前期货市场账户管理的问题主要存在于历史账户：一是仍然存在部分账户资料不准确、不完整等问题，利用不合规账户进行违规操作的风险依然存在；二是沉淀了大量长期不交易、无资金或资金量极

低的休眠账户，占用系统资源，降低市场运行效率，还影响了账户的规范管理和市场监查分析工作的有效性。

本次账户规范工作主要针对上述问题开展两项工作：

一是对长期不使用的客户账户进行休眠处理，让休眠账户退出交易领域，待客户申请时再予以激活；二是对非休眠的历史账户按照《期货市场客户开户管理规定》进行规范，全部纳入统一开户系统。

账户规范工作对于期货市场规范发展具有重大深远的意义：

一是彻底解决了期货市场二十年发展过程积累的账户管理遗留问题，更加全面彻底地落实实名制等基础制度。

二是通过账户规范工作，将最终在期货市场建立一套真实、准确、完整的客户资料库，加强期货市场监查和分析工作的有效性，为行业诚信建设打好基础。

三是休眠账户的处理，对于合理使用系统资源，提高市场运行效率，提高期货市场统计数据的使用价值具有积极作用。

三、本次账户规范工作的组织实施

账户管理是期货市场运行的基础，账户规范工作是加固市场基础的工作。本次账户规范工作要解决期货市场二十年沉淀的历史遗留问题，情况复杂、涉及面广、敏感度高、工作难度大，必须周密筹划，精心部署、合理组织协调，充分发挥五位一体监管体系的合力，才能保证工作平稳顺利进行。

本次账户规范工作由我会统一领导，监控中心负责具体的组织实施工作，包括草拟账户规范工作的具体实施办法和工作进度安排，组织协调各单位落实各阶段工作；各证监局负责监督与检查，督促辖区期货公司按要求完成各项工作；各期货交易所负责与监控中心一道做好各环节工作，包括系统改造和具体的检查工作；中国期货业协会将发挥行业自律组织的作用，引导全行业积极开展账户规范工作。

四、期货市场账户规范工作的总体方案和进度安排

账户规范工作分三个阶段完成：

第一阶段：从 2011 年 9 月 2 日至 2011 年 10 月底，各单位进行系统升级，期货公司进行自查规范等前期工作。

监控中心、期货交易所和期货公司分别进行系统升级，使与开户工作相关的各系统具备开展账户规范工作的各项功能。各期货公司同步进行账户分类、自查、联系客户、补充资料和规范整改等前期工作。

第二阶段：从 2011 年 11 月 1 日至 2012 年 5 月底，各单位通过升级后的系统完成期货市场账户规

范工作。

期货公司通过统一开户系统报送账户休眠申请和经过自查规范的历史账户资料，监控中心和期货交易所进行相应检查和处理，期货公司根据检查反馈情况对客户账户进一步规范，直至完成休眠或账户规范。其中：

休眠账户应当在2011年12月底前在期货公司和期货交易所分别完成休眠处理工作。

客户权益在100万元以上的账户（含100万元），应当在2011年12月底前通过监控中心和期货交易所规范检查。

客户权益在100万元以下的账户应当在2012年5月底前通过监控中心和期货交易所规范检查。

在保证以上三项工作按时完成的前提下，期货公司可同步开展三项工作。

第三阶段：冻结逾期未通过规范检查账户的开新仓权限（可平仓）。

期货交易所和期货公司将从2012年1月1日至2012年1月31日完成冻结逾期未通过规范检查的客户权益在100万元以上账户开仓权限的工作，从2012年6月1日至2012年6月30日完成冻结逾期未通过规范检查的客户权益在100万元以下账户开仓权限的工作。这些账户如今后按要求完成规范上报工作，可在规范工作完成后的第二个交易日恢复开仓权限。

五、本次期货市场账户规范工作的特色

一是依托统一开户系统，统一业务流程和审核标准，保障工作质量，提高工作效率。期货公司按统一格式报送账户资料，监控中心按统一标准进行检查。各期货公司发起一次申报，便可通过统一开户系统一次完成四所交易编码资料的规范和更新。每个统一开户前的账户资料都要通过监控中心和期货交易所系统进行全面详细的检查，从而实现了存量账户的逐一普查。

二是尽量依靠系统作业，缓解期货公司的工作。监控中心在方案设计过程中，充分体现了服务市场的意识。除改造统一开户系统外，还对处理开户业务的期货公司和期货交易所系统提出了详细的系统改造要求，使许多业务能够通过系统完成，尽其所能，减轻期货公司在账户认定、检查、资料维护和报送等环节的工作。

三是联网全国公民身份信息系统和全国组织机构代码中心信息系统，对客户基本身份信息进行准确检查。监控中心将把期货公司申报的客户资料分别发送上述两个系统进行检查验证，从而使规范工作建立在权威机构认证的基础上，有效落实开户实名制制度。

六、本次规范工作对期货公司的要求

加强客户管理是期货公司的内

在要求。本次休眠账户的认定以及待规范账户的处理，都需要期货公司的通力配合。因此，在此次工作中，期货公司要按照中国证监会的统一部署，合理安排，早做准备，同时认真学习和领会各项工作要求，确保按工作进度完成。要注意在规范过程中做好客户解释工作，及时解决问题，化解风险和矛盾。

七、休眠账户的认定标准

休眠账户的认定标准是：截至认定日，同时符合开户时间一年以上、最近一年以上无持仓、最近一年以上无交易（含一年），认定日的客户权益在1000元以下（含1000元）四个条件的账户。

比如，认定日是2011年4月29日。休眠账户是指2010年4月29日（含当日）前在某期货公司开户，至2011年4月29日（含当日）无持仓、无交易且2011年4月29日结算后客户权益在1000元以下（含1000元）的客户。

休眠账户的认定范围是以期货公司内部资金账户为单位进行认定。一个客户在多家期货公司开户的，视为不同客户由各期货公司分别认定。

比如：某客户在A和B两家期货公司都开过户，但在A公司符合休眠账户的认定标准，在B公司不符合休眠账户的认定标准。那么，A期货公司就认定该客户为休眠账户，B公司不认定为休眠账户。

八、对历史账户的规范

历史账户是指在期货公司根据《期货市场客户开户管理规定》接入统一开户系统前，直接通过期货交易所生成全部或部分交易编码的账户。

历史账户的规范要求与统一开户制度的要求相同。客户应按统一开户要求进行自查。期货公司、监控中心和期货交易所按照《期货市场客户开户管理规定》的要求进行检查。

工业和信息化部　国家统计局
国家发展和改革委员会　财政部

关于印发《中小企业划型标准规定》的通知

2011年6月18日　　　　　　　　工信部联企业〔2011〕300号

各省、自治区、直辖市人民政府，国务院各部委、各直属机构及有关单位：

为贯彻落实《中华人民共和国中小企业促进法》和《国务院关于进一步促进中小企业发展的若干意见》（国发〔2009〕36号），工业和信息化部、国家统计局、发展改革委、财政部研究制定了《中小企业划型标准规定》。经国务院同意，现印发给你们，请遵照执行。

附：

中小企业划型标准规定

一、根据《中华人民共和国中小企业促进法》和《国务院关于进一步促进中小企业发展的若干意见》（国发〔2009〕36号），制定本规定。

二、中小企业划分为中型、小型、微型三种类型，具体标准根据企业从业人员、营业收入、资产总额等指标，结合行业特点制定。

三、本规定适用的行业包括：农、林、牧、渔业，工业（包括采矿业，制造业，电力、热力、燃气及水生产和供应业），建筑业，批发业，零售业，交通运输业（不含铁路运输业），仓储业，邮政业，住宿业，餐饮业，信息传输业（包括电信、互联网和相关服务），软件和信息技术服务业，房地产开发经营，物业管理，租赁和商务服务业，其他未列明行业

（包括科学研究和技术服务业，水利、环境和公共设施管理业，居民服务、修理和其他服务业，社会工作，文化、体育和娱乐业等）。

四、各行业划型标准为：

（一）农、林、牧、渔业。营业收入20000万元以下的为中小微型企业。其中，营业收入500万元及以上的为中型企业，营业收入50万元及以上的为小型企业，营业收入50万元以下的为微型企业。

（二）工业。从业人员1000人以下或营业收入40000万元以下的为中小微型企业。其中，从业人员300人及以上，且营业收入2000万元及以上的为中型企业；从业人员20人及以上，且营业收入300万元及以上的为小型企业；从业人员20人以下或营业收入300万元以下的为微型企业。

（三）建筑业。营业收入80000万元以下或资产总额80000万元以下的为中小微型企业。其中，营业收入6000万元及以上，且资产总额5000万元及以上的为中型企业；营业收入300万元及以上，且资产总额300万元及以上的为小型企业；营业收入300万元以下或资产总额300万元以下的为微型企业。

（四）批发业。从业人员200人以下或营业收入40000万元以下的为中小微型企业。其中，从业人员20人及以上，且营业收入5000万元及以上的为中型企业；从业人员5人及以上，且营业收入1000万元及以上的为小型企业；从业人员5人以下或营业收入1000万元以下的为微型企业。

（五）零售业。从业人员300人以下或营业收入20000万元以下的为中小微型企业。其中，从业人员50人及以上，且营业收入500万元及以上的为中型企业；从业人员10人及以上，且营业收入100万元及以上的为小型企业；从业人员10人以下或营业收入100万元以下的为微型企业。

（六）交通运输业。从业人员1000人以下或营业收入30000万元以下的为中小微型企业。其中，从业人员300人及以上，且营业收入3000万元及以上的为中型企业；从业人员20人及以上，且营业收入200万元及以上的为小型企业；从业人员20人以下或营业收入200万元以下的为微型企业。

（七）仓储业。从业人员200人以下或营业收入30000万元以下的为中小微型企业。其中，从业人员100人及以上，且营业收入1000万元及以上的为中型企业；从业人员20人及以上，且营业收入100万元及以上的为小型企业；从业人员20人以下或营业收入100万元以下的为微型企业。

（八）邮政业。从业人员1000人以下或营业收入30000万元以下的为中小微型企业。其中，从业人员300人及以上，且营业收入2000万元及以上的为中型企业；从业人员 20 人及以上，且营业收入 100 万元及以上的为小型企业；从业人员 20 人以下或营业收入 100 万元以下的为微型企业。

（九）住宿业。从业人员 300 人以下或营业收入 10000 万元以下的为中小微型企业。其中，从业人员 100 人及以上，且营业收入 2000 万元及以上的为中型企业；从业人员 10 人及以上，且营业收入 100 万元及以上的为小型企业；从业人员 10 人以下或营业收入 100 万元以下的为微型企业。

（十）餐饮业。从业人员 300 人以下或营业收入 10000 万元以下的为中小微型企业。其中，从业人员 100 人及以上，且营业收入 2000 万元及以上的为中型企业；从业人员 10 人及以上，且营业收入 100 万元及以上的为小型企业；从业人员 10 人以下或营业收入 100 万元以下的为微型企业。

（十一）信息传输业。从业人员 2000 人以下或营业收入 100000 万元以下的为中小微型企业。其中，从业人员 100 人及以上，且营业收入 1000 万元及以上的为中型企业；从业人员 10 人及以上，且营业收入 100 万元及以上的为小型企业；从业人员 10 人以下或营业收入 100 万元以下的为微型企业。

（十二）软件和信息技术服务业。从业人员 300 人以下或营业收入 10000 万元以下的为中小微型企业。其中，从业人员 100 人及以上，且营业收入 1000 万元及以上的为中型企业；从业人员 10 人及以上，且营业收入 50 万元及以上的为小型企业；从业人员 10 人以下或营业收入 50 万元以下的为微型企业。

（十三）房地产开发经营。营业收入 200000 万元以下或资产总额 10000 万元以下的为中小微型企业。其中，营业收入 1000 万元及以上，且资产总额 5000 万元及以上的为中型企业；营业收入 100 万元及以上，且资产总额 2000 万元及以上的为小型企业；营业收入 100 万元以下或资产总额 2000 万元以下的为微型企业。

（十四）物业管理。从业人员 1000 人以下或营业收入 5000 万元以下的为中小微型企业。其中，从业人员 300 人及以上，且营业收入 1000 万元及以上的为中型企业；从业人员 100 人及以上，且营业收入 500 万元及以上的为小型企业；从业人员 100 人以下或营业收入 500 万元以下的为微型企业。

（十五）租赁和商务服务业。从业人员 300 人以下或资产总额 120000 万元以下的为中小微型企业。其中，从业人员 100 人及以上，且资产总额 8000 万元及以上的为中型企业；从业人员 10 人及以上，且资产总额 100 万元及以上的为小型企业；从业人员 10 人以下或资产总额 100 万元以下的为微型企业。

（十六）其他未列明行业。从业人员300人以下的为中小微型企业。其中，从业人员100人及以上的为中型企业；从业人员10人及以上的为小型企业；从业人员10人以下的为微型企业。

五、企业类型的划分以统计部门的统计数据为依据。

六、本规定适用于在中华人民共和国境内依法设立的各类所有制和各种组织形式的企业。个体工商户和本规定以外的行业，参照本规定进行划型。

七、本规定的中型企业标准上限即为大型企业标准的下限，国家统计部门据此制定大中小微型企业的统计分类。国务院有关部门据此进行相关数据分析，不得制定与本规定不一致的企业划型标准。

八、本规定由工业和信息化部、国家统计局会同有关部门根据《国民经济行业分类》修订情况和企业发展变化情况适时修订。

九、本规定由工业和信息化部、国家统计局会同有关部门负责解释。

十、本规定自发布之日起执行，原国家经贸委、原国家计委、财政部和国家统计局2003年颁布的《中小企业标准暂行规定》同时废止。

解读

《中小企业划型标准规定》

工业和信息化部、统计局、发展改革委、财政部有关负责人

一、《中小企业划型标准规定》修订的意义

中小企业划型标准是研究和实施中小企业政策的基础。这次划型标准修订是按照国务院下发的《关于进一步促进中小企业发展的若干意见》［国发〔2009〕36号］和2010年温家宝总理政府工作报告关于修订中小企业划型标准的要求，由工业和信息化部会同国家统计局、发展改革委、财政部、银监会等部门开展的。

为做好划型标准的修订工作，成立了工业和信息化部与国家统计局牵头，发展改革委、财政部、银监会等部门参加的“中小企业划型标准修订工作组”，制定并形成中小企业划型标准修订工作方案，明确了各部门的职责、任务和时间进度等等。工业和信息化部组织了国

务院发展研究中心、社科院等开展中小企业划型标准课题研究，研究成果为划型标准修订提供了理论依据。国家统计局以第二次全国经济普查统计数据为基础，分行业、分指标、分区间反复进行详细测算，测算数据达26万条组，为划型标准修订奠定可靠翔实基础。在分析、研究和测算的基础上，工业和信息化部、国家统计局依据《中小企业促进法》和《国民经济行业分类》，结合我国经济社会和中小企业发展实际，起草了《关于中小企业划型标准的规定（征求意见稿)》。工业和信息化部会同有关部门多次召开座谈会听取有关部门、地方、企业和行业协会等社会各界的意见和建议，同时采纳部分人大代表、政协委员相关建议和提案的内容。标准征求了发展改革委、财政部、银监会、证监会、保监会等20多个相关部门和单位的意见，并与相关部门反复协调，形成共识。标准修订工作从2009年9月开始，历时22个月，经反复修改磨合，数易其稿，形成《关于中小企业划型标准的规定（送审稿)》，上报国务院审定。这里还需要说明的是，这次标准修订与国民经济行业分类修订工作紧密结合。新修订的《国民经济行业分类》上月已发布，本次中小企业划型标准在行业门类上都与新修订的《国民经济行业分类》完全一致，以便于标准统一和贯彻执行。

这此标准修订的一个重要原因，是原来的标准已不适应经济和企业发展的需要，也不能准确反映中小企业真实状况和对经济的贡献。原来的中小企业划型标准是经国务院批准，由原国家经贸委、原国家计委、财政部和国家统计局于2003年2月发布实施的。标准在界定企业范围、明确统计分类、分析中小企业情况、制定中小企业政策措施等方面起到非常重要的作用，但也存在一些缺陷。一是对各类行业在指标上采取“一刀切”。原标准对各类行业同时采用职工人数、销售收入和资产三个指标进行划分，存在“一刀切”问题，不能真实反映不同行业的特点和状况。二是标准门槛有待调整。原标准实施至今已有八年，随着科技进步和劳动生产率的提高，部分标准门槛已与现实状况不符，如中型企业划型标准中，销售收入标准上限偏低，人数标准偏高。三是标准涵盖的行业不全。原标准对工业、建筑业、批发和零售业、交通运输和邮政业、住宿和餐饮业等行业进行了划分，未包括房地产业、租赁和商务服务业、信息传输业、软件和信息技术服务业等行业。四是缺乏微型企业标准。原标准只有中型和小型，没有微型企业。目前世界大多数国家划型标准中，都有微型企业标准。由于原标准存在的上述问题，已越来越不适应经济发展和行业变化，特别是在国际金融危机中，中小企业尤其是小型、微型企业得不到应有的政策扶持，社会各方面反映强烈。

修订后的中小企业划型标准，不仅解决了原来标准存在的上述问题，而且对研究和实施中小企业政策，加强分类指导和推动中小企业发展具有重要意义。

一是有利于中小企业分类管理、政策实施和宏观决策。新标准覆盖面广、划分细致，充分考虑了各个行业的特点，有利于建立中小企业分类统计制度和信息管理，真实反映中小企业经济运行状况。

二是有利于加大对小型、微型企业扶持力度。小型和微型企业经济基础相对薄弱、科研能力总体偏低，但是企业中比例最大的群体，也是弱势群体。新标准划出了微型企业标准，有利于明确重点，出台更有针对性的优惠政策以增强政策的针对性和时效性。

三是有利于处理好提供劳动生产率和解决就业的问题。大型、中型企业劳动生产率较高，小型和微型企业是劳动力就业的主体，通过修订划型标准，有利于现阶段在兼顾劳动生产率的同时更应注重解决劳动力就业问题。

四是便于国际接轨。美国、日本和欧盟等国家和地区均有微型企业划分，新标准明确微型企业有利于与国际接轨。

二、新的中小企业划型标准的主要原则

结合我国中小企业发展的实际和特点，这次修订中小企业标准遵循了以下几项基本原则。

第一，真实反映中小企业市场竞争中的规模和对社会就业的贡献，并与原标准衔接好。随着经济和社会的发展，劳动生产率的提高，中小企业划分标准的门槛应不断变化，体现中小企业在实际市场竞争中的规模和现状，真实反映企业实际情况。同时，新标准也应与原标准衔接好，以保证标准的连续性和稳定性。新标准是在原有标准的基础上进行修订、补充和完善，不是对原标准的全盘否定，比如标准在确定行业指标临界值时，就充分考虑原指标的界限。

第二，力求囊括国民经济各行业，并适用于各种所有制、各种组织形态的企业，有比较广泛的覆盖性。原中小企业划型标准包括工业、建筑业、交通运输和邮政业，批发和零售业，住宿和餐饮业等行业。新标准除《国民经济行业分类》中金融业、教育、卫生、公共管理和社会组织、国际组织等以外行业均有涉及。新标准中的行业涉及84个行业大类，362个行业中类和859个行业小类，分别占大、中和小类的比重为88.42%、91.41%和94.09%，基本涵盖了国民经济的主要行业。同时，个体工商户和本标准以外的行业参照中小企业划型标准执行，扩大了标准的适用范围，具有很强的覆盖性。

第三，标准符合我国企业的实际，具有国际可比性。不同国家、不同经济发展的阶段、不同行业中小企业的标准不尽相同，且随着经济的发展而变化。随着我国经济发展和劳动生产率的变化，这次划型标准的门槛有所提高，如工业企业营业收入标准由原标准3个亿提高到4个亿，人数指标由原标准的2000人下降为1000人。当然，与发达国家相比，新标准工业中型企业指标上限临界值的营业收入指标仍然偏低、从业人数偏高，这是与我国目前劳动生产率仍然不高，人数多的实际相符的。但新标准对企业类型的分类、指标等与国际上基本一致，具有国际可比性。

第四，指标简单、明了，具有灵活性和可操作性。原中小企业划型标准中，工业和建筑业都采用职工人数、销售额和资产总额三个指标；批发和零售业、交通运输和邮政业、住宿和餐饮业采用职工人数和销售额两个指标。新标准对指标进行了简化，如工业，交通运输、仓储和邮政业，批发和零售业，住宿和餐饮业，信息传输业，软件和信息技术服务业，物业管理采用了从业人员和营业收入两个指标。居民服务和其他服务业、文化体育和娱乐业采用从业人员单个指标。指标的简化以及兼顾各行业特点选择，便于在实际执行中操作，有利于标准的执行。

三、新的中小企业划型标准的突破和亮点

这次标准修订是我国历史上的第8次标准修订，也是涉及面最广、行业面最宽、划型较全的一次。新标准与原标准相比，有以下几点突破和亮点。

第一，增加了微型企业标准。这次标准修订的重要突破，也是一大亮点就是参照一些国家将中小企业划分为中型、小型和微型的通行做法，结合我国的实际，在中型和小型企业的基础上，增加了微型企业标准。如工业企业，微型企业为从业人员20人以下或年营业收入300万元以下，其他行业大多是10人以下为微型企业。标准的这一细分，不仅有利于对中小企业的分类统计管理，也有利于使我国标准的类型更加完善，与世界主要国家对微型企业标准界定大体一致。

第二，标准的行业覆盖面广，基本涵盖国民经济主要行业。新标准适用的行业包括农、林、牧、渔业，采矿业，制造业，电力、热力、燃气及水生产和供应业，建筑业，批发业，零售业，交通运输、仓储和邮政业（不含铁路运输业），住宿业，餐饮业，信息传输、软件和信息技术服务业，房地产开发经营，物业管理，租赁和商务服务业，科学研究和技术服务业，水利、环境和公共设施管理业，居民服务、修理和其他服务业，社会工作，文化、体育和娱乐业等。这些行业除金融业、教育、卫生、公共管理和社会组织、国际组织，基本涵盖了国民经济的主要行业，涉及84个行业大类，362个行业中类和859个行业小类。

第三，指标选取注重灵活性。《中小企业促进法》规定中小企业的划分标准根据企业从业人数、销售收入、资产总额等指标，结合行业特点制定。新的标准结合行业的具体情况，突出了以下几个特点。一是简化了指标。从原标准的3个简化为2个或1个。如工业，交通运输、仓储和邮政业，批发和零售业，住宿和餐饮业，信息传输业，软件和信息技术服务业，采用了从业人员、营业收入2个指标。建筑业采用营业收入、资产总额2个指标。农林牧渔业采用经营总收入，居民服务、文化、体育等服务行业采用从业人员单个指标。二是不同行业指标有所不同，注意结合行业特点，具有很强的灵活性。如建筑业职工人数受项目或季节影响，人员变动起伏较大，新标准取消了原标准采用的职工人数指标，采用能够反映行业实际的营业收入和资产总额指标。服务业从业人员能够较好反映其行业特点，因此绝大部分行业均采用从业人员的指标，如科学研究和技术服务，水利、环境和公共设施管理业，居民服务、修理和其他服务业，社会工作，文化、体育和娱乐业等行业门类采用从业人员单个指标，等等。三是与现有制度相衔接，便于实际操作。新标准指标由原标准的销售收入按现行财务要求统一为营业收入，同时由原来的3个指标减少到2个或1个指标，有利标准出台后的实施，有利对企业规模的认定，实际操作性更强。

第四，将个体工商户纳入参照执行范围。个体工商户具有特殊性，目前在法律上个体工商户适用《城乡个体工商户管理条例》，不是企业。但考虑到个体工商户按规模应为小型或微型企业范畴，且数量大、就业人数多。为促进个体工商户的发展，发挥其在解决社会就业中的重要作用，新标准将个体工商户纳入标准范围，参照新标准执行。

四、这次修订中小企业划型标准增加了微型企业

这次划型标准修订一个重要突破和亮点就是增加了微型企业标准。这主要有以下几个方面的考虑：

首先，微型企业是企业群体中的弱势群体，也是最需要政府给予扶持的群体。从世界其他国家情况看，微型企业一般是在20人以下

的企业，这次新标准明确微型企业一般在20人或10人以下。微型企业经营规模小，技术相对简单，大多从事劳动密集型产业或服务业，是需要政府重点扶持的对象。

第二，微型企业是社会就业的重要渠道。微型企业单位投资的就业容量和单位产值使用劳动力弹性明显高于大中型企业，具有创业成本低，就业弹性空间大，就业方式灵活等特点，是吸纳社会就业的重要渠道。按照新标准和第二次全国经济普查数据，加上有证照的个体工商户，微型企业从业人员占第二次全国经济普查全部法人企业从业人员的38.7%。大力发展微型企业是解决就业的重要措施。温家宝总理在2011年政府工作报告中明确，要适应我国劳动力结构特点，大力发展劳动密集型产业、服务业、小型微型企业和创新型科技企业，努力满足不同层次的就业需求。

第三，划分微型企业有利于分类指导，增加政策的针对性和有效性。新标准专门划出微型企业，使我国企业规模类型为大、中、小、微。规模类型细分后，能够更客观地反映经济发展和行业变化的特点，有利宏观分类指导和政策，以增加政策的针对性和有效性。比如，中小企业融资难问题，主要是小企业和微型企业融资难，找出问题的关键就可以更有针对性地出台解决微型企业融资难的政策措施。

第四，有利于与国际比较。目前，美国、日本、欧盟、英国、加拿大、巴西等绝大部分国家和地区都有微型企业标准，政府对这些微型企业在税收、政府采购、公共服务等方面都给予了更特殊的优惠政策。这次新标准划分微型企业，有利于与其他国家进行比较，研究借鉴其他国家和地区的做法和经验。

五、新标准实施后，国家对中小企业的扶持政策会加大力度

促进中小企业平稳健康发展是我国长期坚持的重要方针。为促进中小企业发展，国家出台了一系列法律、政策措施。2003年国家出台实施了《中小企业促进法》，2005年国务院出台了《关于鼓励支持和引导个体私营等非公有制经济发展的若干意见》，为应对国际金融危机，2009年国务院出台了《关于进一步促进中小企业发展的若干意见》。随着一系列法律和政策措施的出台，中小企业发展法律、政策和市场环境在逐步改善。但由于原标准中小企业面过宽，致使企业群体中最弱势、最需要政府扶持的企业难以享受到优惠政策，社会各方面反映强烈。这次新标准细分了企业规模类型，将企业分为大、中、小、微型。小型和微型企业将成为今后政策扶持的重点。国家将对小型和微型企业着重从优化发展环境，进一步研究出台普惠性的政策措施，完善服务等方面加大扶持。

还需要强调，规定明确新标准的认定以统计部门公布的统计数据为依据进行确认。新标准适用于我国境内依法设立的各种所有制和各种组织形式的企业。为保证标准的权威性，规定明确，国务院各有关部门不得制定与本规定不一致的企业划型标准。

另外，由于经济还在不断发展变化中，《国民经济行业分类》适时进行修订，规定也会因此相应进行修订和调整。

国家工商行政管理总局
关于进一步加强企业信用分类监管的意见

2011年9月21日　　工商企字〔2011〕192号

各省、自治区、直辖市及计划单列市、副省级市工商行政管理局、市场监督管理局，总局各司（厅、局、室）、机关党委、纪检组监察局，各直属单位：

企业信用分类监管是工商行政管理部门为创新监管方式、提高监管效能开展的一项重要工作，对于规范市场秩序、推进社会信用体系建设具有重要作用。几年来，各级工商行政管理部门以“五个四”为核心的工商行政管理理论为指导，全面实施企业信用分类监管，建立健全信用分类监管体制机制，逐步深化联网应用，加大信用激励和信用约束力度，不断提高市场监管效能，积极营造良好的市场交易秩序和社会信用环境。为认真落实“五个更加”的要求，更好地服务经济社会科学发展，现就进一步加强企业信用分类监管工作提出如下意见：

一、统一思想，明确目标，进一步深化对加强企业信用分类监管工作的认识

（一）充分认识新形势下进一步加强企业信用分类监管的重要性必要性。“十二五”时期是全面建设小康社会的关键时期，是深化改革开放、加快转变经济发展方式的攻坚时期，也是工商行政管理部门提高监管执法效能、提升服务发展水平、推进自身改革发展的重要战略机遇期。进一步加强企业信用分类监管，是新形势下工商行政管理部门深入贯彻落实科学发展观，立足市场监管和行政执法职能，更好地服务“十二五”规划顺利实施的迫切需要；是加快促进社会信用体系建设，推进企业信用信息内联应用、外联应用，建立完善社会信用制约机制的迫切需要；是努力做到“五个四”和认真落实“五个更加”，打造法治工商、服务工商、责任工商、信息工商，建立更加和谐监管执法环境的迫切需要；是依法履行监管职责，整合监管资源、突出监管重点、创新监管机制的迫切需要；是加强自身建设、锻炼监管队伍、转变政府职能，不断增强服务经济社会发展本领的迫切需要。

面对新形势、新任务、新挑战，各级工商行政管理部门要进一步认识加强企业信用分类监管工作的重要性和必要性，明确加强企业信用分类监管的指导思想、目标任务、基本原则，把加强企业信用分类监管作为贯彻落实“五个四”和“五个更加”的重要举措，进一步增强责任感和使命感，立足当前，着眼长远，抓住重点，统筹推进。

（二）指导思想。坚持以科学发展观为指导，紧紧围绕“十二五”时期工商行政管理事业发展的工作目标和主要任务，按照建设法治工商、服务工商、责任工商和效能工商的部署，准确把握“五个四”的深刻内涵，认真落实“五个更加”的工作要求，以信息共享、互联互通为重点，加强工商行政管理不同业务系统间企业监管信息的内联应用，大力推进监管方式集成创新，加强政府部门间企业监管信息的外联应用，积极推动社会信用体系建设。

（三）目标任务。用3年左右的时间，建立完善综合业务平台，建成“国家经济户籍库”；加强内联应用，基本形成全系统各层级、各条线之间信息资源的互联、互通、共享；推进外联应用，基本实现工商行政管理监管信息与外部门监管信息的共享；打造公众服务平台，基本实现社会公众对企业登记管理基本信息的网上查询。

（四）基本原则。适应新形势新任务，进一步加强企业信用分类监管，必须坚持以下原则：

坚持全面统筹、整体规划的原则。注重顶层设计和制度创新，兼顾当前与长远、局部与整体，做到不同区域、不同业务信用分类监管工作的统筹规划，有序推进。

坚持科学分类、重点监管的原则。加强信用记录，完善监管分类，提高监管效能，强化对重点行业、重点领域、重点区域的监管，增强监管的针对性和有效性。

坚持整合资源、信息共享的原则。加强各业务系统信息资源的互联互通、业务协同，通过整合、融合、改造、提升，做到监管、应用、服务协同推进。

坚持部门协作、形成合力的原则。加强部门间的配合协作，充分发挥企业信用分类监管的整体效能，形成监管合力，加快推进社会信用体系建设。

二、科学分类，突出重点，进一步完善企业信用分类监管措施

（五）夯实数据基础。按照“一数一源”和“谁登记、谁录入，谁检查、谁录入，谁处罚、谁录入”的要求，及时、准确、完整地归集各类监管信息，确保系统内数据来源的唯一性和同一数据的一致性。按照“谁主管、谁归集，谁维护、谁负责”的要求，进一步建立完善数据质量责任制和监督检查长效机制，大力加强总局和省级局数据中心建设。严格执行总局数据标准，确保数据质量不断提高，到“十二五”期末实现数据准确率、完整率均达到99%以上的目标。

（六）完善监管分类。《关于对企业实行信用分类监管的意见》（工商企字〔2003〕131号）按照守法诚信情况，将企业分为A、B、C、D四类，并采取不同的监管措施。在此基础上，根据监管需要，进一步完善充实信用分类监管标准。按照遵守工商行政管理法律法规的情况，设置守信企业、警示企业、失信企业、严重失信企业。按照行业风险程度的情况，对关系人民群众身体健康、生命安全、公共安全和政府关切、社会关注、百姓关心的行业企业，设置重点、热点行业企业。按照区域重要程度的情况，对在商业集中区、旅游区、地下空间、校园周边等区域从事经营活动的企业，设置重点区域企业。按照动态警示的情况，对登记事项发生变化未办理变更登记、检测或者监测中涉嫌违法、申投诉、举报、立案未结案等需要加强监控的企业，设置预警企业。将企业守法诚信、行业风险、区域重要程度、动态警示等情况纳入企业信用分类监管指标体系，实现科学多维分类。

（七）提高监管效能。把加强企业信用分类监管与加强信息化建设紧密结合、有机统一起来，将现代信息技术综合应用于企业信用分类监管工作的各个环节，推进业务工作与信息技术的深度融合。通过整合系统、整合软件、整合数据、整合操作，将制度固化在信息化流程中，用信息化手段保证制度的执行，使工商行政管理部门上下之间、地区之间、业务之间有机统一，形成监管合力。支持各地结合实际情况，积极探索企业信用分类监管，创新监管措施，丰富监管内容，建立长效机制，提高监管效能。

三、整合资源，业务协同，进一步加强企业信用分类监管信息的内联应用

（八）加强监管信息内联互通。加强信用信息归集。市场主体准入、反垄断与反不正当竞争执法、直销监管、消费者权益保护、市场规范管理、食品流通监管、广告监管、商标管理等业务部门，要按照企业信用分类监管工作的职责分工，做好本部门监管信息的记录、归集和日常维护工作，将相关业务监管信息及时、准确、完整地纳入企业信用分类管理系统，消除信息“孤岛”，实现静态的市场主体基础信息与动态的监管执法信息的相互关联、有机统一。

整合监管执法资源。以企业登记数据为基础，以营业执照注册号为唯一定位标识，以履行法定职责为主线，以提升监管执法效能为目的，按照统一的技术标准和数据标准，在提高数据准确性、完整性的基础上，整合、对接工商行政管理各地区、各部门、各条线的业务信息，实现各地区、各部门、各条线之间监管业务信息的高度融合和一体化，形成信息完整、准确及时、动态更新、互联互通、开放共享的工商行政管理综合监管业务平台。

（九）强化监管信息内联应用。加大应用力度。根据工作职责和监管需要，充分运用企业信用分类监管平台的信息，综合运用行政处罚、行政指导等手段，确定监管任务，明确监管重点，完善监管措施。加强联动监管，根据整合的监管信息，形成综合监管体系，发挥综合监管效应。将企业信用分类监管与属地监管紧密结合，指导基层工商所开展综合监管工作。基层工商所要充分利用企业信用分类监管平台，加强属地监管，合理配置执法资源，提高快速反应能力，确定监督检查重点，建立健全综合监管工作机制，切实增强监管执法的针对性和有效性。

拓展应用范围。充分利用企业信用分类监管的提示、警示、检测、监测、限制、处罚、监控、申投诉、举报等信息，建立完善企业信用激励和信用约束机制，加大对信用良好企业的激励力度，让守法诚信的企业时时得到便利，加大对信用不良企业的约束力度，使违法失信的企业处处受到限制。提升应用水平。积极探索依托企业信用分类监管平台，建立实用数据分析模型，分析辖区市场主体总体质量和经济秩序状况，为加强监管执法提供预见性参考，为政府决策、部门监管、行业自律、企业投资提供高质量信息服务。

四、信息共享，监管联动，进一步推进企业信用分类监管信息的外联应用

（十）推进监管信息部门共享。结合企业信用分类监管的实际，加强与政府其他部门的沟通协调，积极向有关部门提供企业信用监管信息，不断扩大部门间监管信息共享的范围，逐步建立数据交换和信息共享长效机制，切实增强企业信用激励和信用约束机制的整体效应。

健全完善“国家经济户籍库”。积极参与国家信息化“十二五”规划的法人、统计等基础信息资源体系建设，为政府宏观经济决策提供信息资源支撑。按照地方政府安排，积极参与做好地方政府企业信用信息归集平台建设和信息归集工作，推动地方重要政务信息系统互联互通、信息共享和业务协同。

（十一）推动监管信息外联应用。以跨部门、跨领域的信息运用作为部门监管联动、形成监管合力的重要途径，充分运用政府其他部门提供的监管信息，作为工商行政管理部门加强市场主体准入、经营行为和退出行为全过程监管的重要信息资源支撑。参考和依据其他部门提供的监管信息，采取相应的管理措施，堵塞部门间监管漏洞，实施更高效、更有针对性的市场监管。

建立企业信用信息公开机制。切实加强对企业信用信息的披露，依法公开企业信用情况，增加企业失信成本，有效惩戒失信行为，推动社会信用制约机制的建立和完善。大力打造网上服务平台。通过信息化技术手段，依法向社会提供企业监管信息查询服务，将企业登记基本信息作为主动公开的政府信息，通过政府网站面向企业和社会公众提供便捷的查询服务，加大企业信用信息综合运用服务力度，努力提升信息综合运用服务能力和水平。

五、加强领导，明确职责，进一步形成企业信用分类监管工作合力

（十二）加强组织领导。各级工商行政管理部门要把企业信用分类监管作为“一把手”工程，切实加强组织领导，形成领导重视、分工明确、职责清晰、齐抓共管的工作格局。各地、各部门要各司其职、各负其责、相互配合、统筹推进，形成企业信用分类监管工作合力。结合工作实际，制定完善企业信用分类监管的工作机制和制度。进一步加强教育培训，提高县（市、区）工商局、基层工商所干部加强企业信用分类监管的意识、责任和能力。

（十三）明确职责分工。市场主体准入部门负责组织建立以企业登记管理信息为基础的企业法人数据库；依法实施法定代表人任职限制管理，规范企业信用信息的披露；运用综合监管信息，加强对企业登记事项的监管。

反垄断与反不正当竞争执法部门负责有关反垄断、反不正当竞争执法及其他经济违法案件等信息的记录、归集和维护；运用综合监管信息，加强对垄断和不正当竞争行为的监管。

直销监督管理部门负责直销违法案件、传销违法人员及案件等信息的记录、归集和维护；运用综合监管信息，加强对直销行为的监管，加大打击传销力度。

消费者权益保护部门负责承担流通领域商品质量监督管理、消费者申诉、举报等信息的记录、归集和维护；运用综合监管信息，切实维护消费者合法权益。

市场规范管理部门负责商品交易市场信用分类监管、网络商品交易及有关服务行为监管、合同监管、经纪人监管等信息的记录、归集和维护；运用综合监管信息，加强对市场的监管。

食品流通监督管理部门负责流通环节食品流通许可、监督管理、抽样检测等信息的记录、归集和维护；运用综合监管信息，加强对流通环节食品安全监管。

广告监督管理部门负责广告市场主体经营情况、广告监督管理、广告监测、查处虚假广告等违法案件信息的记录、归集和维护；运用综合监管信息，加强广告市场监管。

商标管理部门负责商标注册和管理、查处商标侵权案件、驰名商标和著名商标等信息的记录、归集和维护；运用综合监管信息，加强商标注册和管理。

信息部门负责信用分类监管信息系统的维护、运行和技术保障工作，开发建设技术支撑平台，整合登记监管数据，提高数据质量和数据共享、数据交换效能。

基层工商所要根据县（市、区）工商局的工作部署和要求，按照属地管理原则，做好辖区内企业信用分类监管。

（十四）狠抓工作落实。建立综合检查机制，定期检查分工职责和目标任务落实情况。建立综合监督机制，细化企业信用分类监管岗位工作要求，制定科学、具体、操作性强的考评指标，推进信用分类管理措施落实到位。建立对工商所属地监管的考评机制。研究制定区域性信用分类监管工作评价办法，对经济户口管理、监管信息归集、联网应用等实行全流程、全过程管理。加大企业信用分类监管工作力度，不断创新内联应用和外联应用工作机制，加快推进社会信用体系建设，积极服务经济社会科学发展。

中国保险监督管理委员会

关于印发《保险代理、经纪公司互联网保险业务监管办法（试行）》的通知

2011年9月20日　　保监发〔2011〕53号

各保监局，各保险专业代理公司、各保险经纪公司：

为了促进保险代理、经纪公司互联网保险业务的规范健康有序发展，切实保护投保人、被保险人和受益人的合法权益，我会制定了《保险代理、经纪公司互联网保险业务监管办法（试行）》，现印发给你们，请遵照执行。

附：

保险代理、经纪公司互联网保险业务监管办法（试行）

第一条　为了促进保险代理、经纪公司互联网保险业务的规范健康有序发展，切实保护投保人、被保险人和受益人的合法权益，根据《中华人民共和国保险法》（以下简称《保险法》）、《保险专业代理机构监管规定》、《保险经纪机构监管规定》等法律法规、规章，制定本办法。

第二条　保险代理、经纪公司开展互联网保险业务，应当具备下列条件：

（一）具有健全的互联网保险业务管理制度；

（二）具有合理的互联网保险业务操作规程；

（三）注册资本不低于人民币1000万元，且经营区域不限于注册地所在省、自治区、直辖市；

（四）中国保监会规定的其他条件。

第三条 保险代理、经纪公司应当在具备下列条件的互联网站上开展保险业务：

（一）依法取得互联网行业主管部门颁发的互联网信息服务增值电信业务经营许可证或者在互联网行业主管部门完成网站备案；

（二）网站接入地在中华人民共和国境内；

（三）有与开展互联网保险业务相适应的电子商务系统，能实现投保人的全部投保信息与保险公司核心业务系统的实时对接；

（四）具备健全的网络信息安全管理体系及安全技术，具有防火墙、入侵检测、加密、第三方电子认证、数据备份等功能；

（五）中国保监会规定的其他条件。

第四条 保险代理、经纪公司通过互联网站开展保险业务的，应当自业务开展之日起10个工作日内，由总公司向中国保监会报告，并提交下列书面材料一式两份：

（一）开展互联网保险业务的报告，包括业务操作规程、运营模式、管理部门及其负责人名单、从业人员配备情况等内容；

（二）互联网保险业务管理制度，包括交易安全保障措施、信息安全管理体系、销售及售后服务管理等；

（三）开展业务的互联网站的基本情况，包括名称、网址、接入地、依法经营资质的证明材料等；

（四）开展业务的互联网站的电子商务系统建设情况，包括基本架构、运营基础设施、安全技术及保障措施等；

（五）中国保监会规定的其他材料。

申请人应将前款规定材料同时报送注册地中国保监会派出机构一份。

第五条 中国保监会自收到保险代理、经纪公司提交的互联网保险业务报告材料之日起20个工作日内，应当根据下列情况分别作出处理：

（一）报告材料不完整的，通知保险代理、经纪公司在10个工作日内补正材料；

（二）报告材料完整齐备或者经补正后材料完整齐备的，中国保监会应当在备案报告上加盖印章，一份存档，一份退还保险代理、经纪公司。

第六条 开展保险业务的互联网站名称、网址变更的，保险代理、经纪公司应当自变更之日起10个工作日内向中国保监会及注册地所在中国保监会派出机构报告。

保险代理、经纪公司终止某互联网站上的保险业务的，应当自决定终止之日起10个工作日内向中国保监会及注册地所在中国保监会派出机构报告。

第七条 保险代理、经纪公司开展互联网保险业务的，应当集中运营、集中管理。

保险代理、经纪公司的从业人员不得以个人名义通过互联网站销售保险产品。

第八条 保险代理、经纪公司开展互联网保险业务的，应当在相关互联网站页面的显著位置披露自身的相关信息，披露信息包括但不限于下列内容：

（一）中国保监会颁发的业务许可证；

（二）营业执照登载的信息或者营业执照的电子链接标识；

（三）在各省（自治区、直辖市）已依法设立的分公司名称、办公地址、服务电话号码；

（四）保险公司的授权范围及内容。

保险代理、经纪公司设立有网站的，还应当在网站上披露与其合作的网站名称和网址等信息。

第九条 保险代理、经纪公司开展互联网保险业务的，应当在相关互联网站页面的显著位置列明保险产品及服务等信息，列明的信息应当包括下列内容：

（一）保险产品的承保、销售主体；

（二）保险合同全部条款和费率表，其中应当对保险合同中的犹豫期、免除保险公司责任条款、费用扣除、退保、保险单现金价值等事项予以重点提示；

（三）保险费支付方式；

（四）保险合同订立的形式，其中采用电子保险单格式的，应当予以明确说明；

（五）纸质保险单证、保险费发票凭证的配送方式和寄出时间；

（六）保险单查询及投保人咨询、投诉渠道；

（七）保险合同承保、保全、退保、理赔办理流程及退保金、保险金支付方式；

（八）有关投保人（被保险人或者受益人）身份信息、投保交易信息和投保交易安全的保障措施；

（九）中国保监会规定的其他信息。

第十条 保险代理、经纪公司开展互联网保险业务的，应当由具备中国保监会规定的资格条件、取得中国保监会颁发的资格证书的从业人员负责保险产品的销售及服务。

第十一条 保险代理、经纪公司开展互联网保险业务的，应当在相关互联网站页面的投保流程中设置投保人点击确认环节，由投保人确认以下内容：“是否已阅读保险条款的全部内容，了解并接受包括免除保险公司责任条款、犹豫期、费用扣除、退保、保险单现金价值等在内的重要事项。”

第十二条 保险代理、经纪公司应当通过柜台、电话、短信、电子邮件、网上在线等方式，及时、全面、准确地回答社会公众有关互联网保险业务方面的咨询，主动向投保人提示承保信息，告知投保人有要求提供纸质保险单证、保险费发票凭证的权利。

投保人要求提供纸质保险单证、保险费发票凭证的，保险代理、经纪公司应当自保险合同成立时起48小时内寄出，并于10个工作日内送达投保人。因特殊原因不能在约定时间内送达的，应当与投保人协商一致或者及时向投保人说明有关情况。向投保人提供保险单证时，应当附保险合同全部条款。

第十三条 保险代理、经纪公司开展互联网保险业务的，应当妥善保管保险合同生成的全部信息、互联网保险业务账簿、相关原始凭证和资料，保管期限自保险合同终止之日起计算，保险期间在1年以下的不得少于5年，保险期间超过1年的不得少于10年。

保险代理、经纪公司应当采取数据备份、故障恢复等技术手段，确保与互联网保险业务有关的交易数据和信息的安全、真实、完整。

第十四条 保险代理、经纪公司开展互联网保险业务，应当遵守《保险法》、《保险专业代理机构监管规定》、《保险经纪机构监管规定》等法律法规和中国保监会的有关规定。

保险代理、经纪公司开展互联网保险业务，违反《保险法》等法律法规及本办法规定的，由中国保监会依法给予处罚，情节严重的，可以责令停止开展互联网保险业务或者吊销业务许可证。

第十五条 中国保监会应当在其互联网站上建立信息披露专栏，及时对符合本办法要求、开展互联网保险业务的保险代理、经纪公司名称及相关互联网站名称、网址等信息进行披露，便于社会公众查询和监督。

中国保险行业协会应当在其互联网站上及时登载中国保监会披露的前款信息。

第十六条 本办法由中国保监会负责解释和修订。

第十七条 本办法自2012年1月1日起施行。

商务部
关于评估经营者集中竞争影响的暂行规定

2011年8月29日　　　　商务部公告2011年第55号

为规范经营者集中反垄断审查的竞争影响评估，指导经营者做好经营者集中申报工作，根据《中华人民共和国反垄断法》、《经营者集中申报办法》和《经营者集中审查办法》，商务部制定了《关于评估经营者集中竞争影响的暂行规定》。现予公布，自2011年9月5日起施行。

附：

关于评估经营者集中竞争影响的暂行规定

第一条　为规范经营者集中反垄断审查工作，评估经营者集中的竞争影响，指导经营者做好经营者集中申报工作，根据《中华人民共和国反垄断法》，制定本规定。

第二条　商务部依法对经营者集中行为进行反垄断审查。

第三条　审查经营者集中，根据个案具体情况和特点，综合考虑下列因素：

（一）参与集中的经营者在相关市场的市场份额及其对市场的控制力；

（二）相关市场的市场集中度；

（三）经营者集中对市场进入、技术进步的影响；

（四）经营者集中对消费者和其他相关经营者的影响；

（五）经营者集中对国民经济发展的影响；

（六）应当考虑的影响市场竞争的其他因素。

第四条 评估经营者集中对竞争产生不利影响的可能性时，首先考察集中是否产生或加强了某一经营者单独排除、限制竞争的能力、动机及其可能性。

当集中所涉及的相关市场中有少数几家经营者时，还应考察集中是否产生或加强了相关经营者共同排除、限制竞争的能力、动机及其可能性。

当参与集中的经营者不属于同一相关市场的实际或潜在竞争者时，重点考察集中在上下游市场或关联市场是否具有或可能具有排除、限制竞争效果。

第五条 市场份额是分析相关市场结构、经营者及其竞争者在相关市场中地位的重要因素。市场份额直接反映了相关市场结构、经营者及其竞争者在相关市场中的地位。

判断参与集中的经营者是否取得或增加市场控制力时，综合考虑下列因素：

（一）参与集中的经营者在相关市场的市场份额，以及相关市场的竞争状况；

（二）参与集中的经营者产品或服务的替代程度；

（三）集中所涉相关市场内未参与集中的经营者的生产能力，以及其产品或服务与参与集中经营者产品或服务的替代程度；

（四）参与集中的经营者控制销售市场或者原材料采购市场的能力；

（五）参与集中的经营者商品购买方转换供应商的能力；

（六）参与集中的经营者的财力和技术条件；

（七）参与集中的经营者的下游客户的购买能力；

（八）应当考虑的其他因素。

第六条 市场集中度是对相关市场的结构所作的一种描述，体现相关市场内经营者的集中程度，通常可用赫芬达尔－赫希曼指数（HHI 指数，以下简称赫氏指数）和行业前 N 家企业联合市场份额（CRn 指数，以下简称行业集中度指数）来衡量。赫氏指数等于集中所涉相关市场中每个经营者市场份额的平方之和。行业集中度指数等于集中所涉相关市场中前 N 家经营者市场份额之和。

市场集中度是评估经营者集中竞争影响时应考虑的重要因素之一。通常情况下，相关市场的市场集中度越高，集中后市场集中度的增量越大，集中产生排除、限制竞争效果的可能性越大。

第七条 经营者集中可能提高相关市场的进入壁垒，集中后经营者可行使其通过集中而取得或增强的市场控制力，通过控制生产要素、销售渠道、技术优势、关键设施等方式，使其他经营者进入相关市场更加困难。

评估经营者集中竞争影响时，可考察潜在竞争者进入的抵消效果。

如果集中所涉及的相关市场进入非常容易，未参与集中的经营者能够对集中交易方的排除、限制竞争行为作出反应，并发挥遏制作用。

判断市场进入的难易程度，需全面考虑进入的可能性、及时性和充分性。

第八条 经营者通过集中，可更好地整合技术研发的资源和力量，对技术进步产生积极影响，抵消集中对竞争产生的不利影响，并且技术进步所产生的积极影响有助于增进消费者利益。

集中也可能通过以下方式对技术进步产生消极影响：减弱参与集中的经营者的竞争压力，降低其科技创新的动力和投入；参与集中的经营者也可通过集中提高其市场控制力，阻碍其他经营者对相关技术的投入、研发和利用。

第九条 经营者集中可提高经济效率、实现规模经济效应和范围经济效应、降低产品成本和提高产品多样化，从而对消费者利益产生积极影响。

集中也可能提高参与集中经营者的市场控制力，增强其采取排除、限制竞争行为的能力，使其更有可能通过提高价格、降低质量、限制产销量、减少科技研发投资等方式损害消费者利益。

第十条 经营者集中可能提高相关市场经营者的竞争压力，有利于促使其他经营者提高产品质量，降低产品价格，增进消费者利益。

凭借通过集中而取得或增强的市场控制力，参与集中经营者可能通过实施某些经营策略或手段，限制未参与集中经营者扩大经营规模或削弱其竞争能力，从而减少相关市场的竞争，也可能对其上下游市场或关联市场竞争产生排除、限制竞争效果。

第十一条 经营者集中有助于扩大经营规模，增强市场竞争力，从而提高经济效率，促进国民经济发展。

在特定情况下，经营者集中也可能破坏相关市场的有效竞争和相关行业的健康发展，对国民经济造成不利影响。

第十二条 评估经营者集中时，除考虑上述因素，还需综合考虑集中对公共利益的影响、集中对经济效率的影响、参与集中的经营者是否为濒临破产的企业、是否存在抵消性买方力量等因素。

第十三条 经营者集中具有或者可能具有排除、限制竞争效果的，商务部应当作出禁止经营者集中的决定。但是，经营者能够证明该集中对竞争产生的有利影响明显大于不利影响，或者符合社会公共利益的，商务部可以作出对经营者集中不予禁止的决定。

对于不予禁止的经营者集中，商务部可以决定附加减少集中对竞争产生不利影响的限制性条件。

第十四条 本暂行规定自2011年9月5日起施行。

商业银行理财产品销售管理办法

（中国银行业监督管理委员会第109次主席会议通过
2011年8月28日中国银行业监督管理委员会令2011年
第5号公布 自2012年1月1日起施行）

第一章 总 则

第一条 为规范商业银行理财产品销售活动，促进商业银行理财业务健康发展，根据《中华人民共和国银行业监督管理法》、《中华人民共和国商业银行法》及其他相关法律、行政法规，制定本办法。

第二条 本办法所称商业银行理财产品（以下简称理财产品）销售是指商业银行将本行开发设计的理财产品向个人客户和机构客户（以下统称客户）宣传推介、销售、办理申购、赎回等行为。

第三条 商业银行开展理财产品销售活动，应当遵守法律、行政法规等相关规定，不得损害国家利益、社会公共利益和客户合法权益。

第四条 中国银监会及其派出机构依照相关法律、行政法规和本办法等相关规定，对理财产品销售活动实施监督管理。

第二章 基本原则

第五条 商业银行销售理财产品，应当遵循诚实守信、勤勉尽责、如实告知原则。

第六条 商业银行销售理财产品，应当遵循公平、公开、公正原则，充分揭示风险，保护客户合法权益，不得对客户进行误导销售。

第七条 商业银行销售理财产品，应当进行合规性审查，准确界定销售活动包含的法律关系，防范合规风险。

第八条 商业银行销售理财产品，应当做到成本可算、风险可控、信息充分披露。

第九条 商业银行销售理财产品，应当遵循风险匹配原则，禁止误导客户购买与其风险承受能力不相符合的理财产品。风险匹配原则是指商业银行只能向客户销售风险评级等于或低于其风险承受能力评级的理财产品。

第十条 商业银行销售理财产品，应当加强客户风险提示和投资者教育。

第三章 宣传销售文本管理

第十一条 本办法所称宣传销售文本分为两类。

一是 宣传材料，指商业银行为宣传推介理财产品向客户分发或者公布，使客户可以获得的书面、电子或其他介质的信息，包括：

（一）宣传单、手册、信函等面向客户的宣传资料；

（二）电话、传真、短信、邮件；

（三）报纸、海报、电子显示屏、电影、互联网等以及其他音像、通讯资料；

（四）其他相关资料。

二是 销售文件，包括：理财产品销售协议书、理财产品说明书、风险揭示书、客户权益须知等；经客户签字确认的销售文件，商业银行和客户双方均应留存。

第十二条 商业银行应当加强对理财产品宣传销售文本制作和发放的管理，宣传销售文本应当由商业银行总行统一管理和授权，分支机构未经总行授权不得擅自制作和分发宣传销售文本。

第十三条 理财产品宣传销售文本应当全面、客观反映理财产品的重要特性和与产品有关的重要事实，语言表述应当真实、准确和清晰，不得有下列情形：

（一）虚假记载、误导性陈述或者重大遗漏；

（二）违规承诺收益或者承担损失；

（三）夸大或者片面宣传理财产品，违规使用安全、保证、承诺、保险、避险、有保障、高收益、无风险等与产品风险收益特性不匹配的表述；

（四）登载单位或者个人的推荐性文字；

（五）在未提供客观证据的情况下，使用“业绩优良”、“名列前茅”、“位居前列”、“最有价值”、“首只”、“最大”、“最好”、“最强”、“唯一”等夸大过往业绩的表述；

（六）其他易使客户忽视风险的情形。

第十四条 理财产品宣传销售文本只能登载商业银行开发设计的该款理财产品或风险等级和结构相同的同类理财产品过往平均业绩及最好、最差业绩，同时应当遵守下列规定：

（一）引用的统计数据、图表和资料应当真实、准确、全面，并注明来源，不得引用未经核实的数据；

（二）真实、准确、合理地表述理财产品业绩和商业银行管理水平；

（三）在宣传销售文本中应当明确提示，产品过往业绩不代表其未来表现，不构成新发理财产品业绩表现的保证。如理财产品宣传销售文本中使用模拟数据的，必须注明模拟数据。

第十五条 理财产品宣传销售文本提及第三方专业机构评价结果的，应当列明第三方专业评价机构名称及刊登或发布评价的渠道与日期。

第十六条 理财产品宣传销售文本中出现表达收益率或收益区间字样的，应当在销售文件中提供科学、合理的测算依据和测算方式，以醒目文字提醒客户，“测算收益不等于实际收益，投资须谨慎”。如不能提供科学、合理的测算依据和测算方式，则理财产品宣传销售文本中不得出现产品收益率或收益区间等类似表述。向客户表述的收益率测算依据和测算方式应当简明、清晰，不得使用小概率事件夸大产品收益率或收益区间，误导客户。

第十七条 理财产品宣传材料应当在醒目位置提示客户，“理财非存款、产品有风险、投资须谨慎”。

第十八条 理财产品销售文件应当包含专页风险揭示书，风险揭示书应当使用通俗易懂的语言，并至少包含以下内容：

（一）在醒目位置提示客户，“理财非存款、产品有风险、投资须谨慎”；

（二）提示客户，“如影响您风险承受能力的因素发生变化，请及时完成风险承受能力评估”；

（三）提示客户注意投资风险，仔细阅读理财产品销售文件，了解理财产品具体情况；

（四）本理财产品类型、期限、风险评级结果、适合购买的客户，并配以示例说明最不利投资情形下的投资结果；

（五）保证收益理财产品风险揭示应当至少包含以下表述："本理财产品有投资风险，只能保证获得合同明确承诺的收益，您应充分认识投资风险，谨慎投资"；

（六）保本浮动收益理财产品的风险揭示应当至少包含以下表述："本理财产品有投资风险，只保障理财资金本金，不保证理财收益，您应当充分认识投资风险，谨慎投资"；

（七）非保本浮动收益理财产品的风险揭示应当至少包含以下内容：本理财产品不保证本金和收益，并根据理财产品风险评级提示客户可能会因市场变动而蒙受损失的程度，以及需要充分认识投资风险，谨慎投资等内容；

（八）客户风险承受能力评级，由客户填写；

（九）风险揭示书还应当设计客户风险确认语句抄录，包括确认语句栏和签字栏；确认语句栏应当完整载明的风险确认语句为："本人已经阅读风险揭示，愿意承担投资风险"，并在此语句下预留足够空间供客户完整抄录和签名确认。

第十九条 理财产品销售文件应当包含专页客户权益须知，客户权益须知应当至少包括以下内容：

（一）客户办理理财产品的流程；

（二）客户风险承受能力评估流程、评级具体含义以及适合购买的理财产品等相关内容；

（三）商业银行向客户进行信息披露的方式、渠道和频率等；

（四）客户向商业银行投诉的方式和程序；

（五）商业银行联络方式及其他需要向客户说明的内容。

第二十条 理财产品销售文件应当载明投资范围、投资资产种类和各投资资产种类的投资比例，并确保在理财产品存续期间按照销售文件约定比例合理浮动。市场发生重大变化导致投资比例暂时超出浮动区间且可能对客户预期收益产生重大影响的，应当及时向客户进行信息披露。商业银行根据市场情况调整投资范围、投资品种或投资比例，应当按照有关规定进行信息披露后方可调整；客户不接受的，应当允许客户按照销售文件的约定提前赎回理财产品。

第二十一条 理财产品销售文件应当载明收取销售费、托管费、投资管理费等相关收费项目、收费条件、收费标准和收费方式。销售文件未载明的收费项目，不得向客户收取。商业银行根据相关法律和国家政策规定，需要对已约定的收费项目、条件、标准和方式进行调整时，应当按照有关规定进行信息披露后方可调整；客户不接受的，应当允许客户按照销售文件的约定提前赎回理财产品。

第二十二条 商业银行应当按照销售文件约定及时、准确地进行信息披露；产品结束或终止时的信息披露内容应当包括但不限于实际投资资产种类、投资品种、投资比例、销售费、托管费、投资管理费和客户收益等。理财产品未达到预期收益的，应当详细披露相关信息。

第二十三条 理财产品名称应当恰当反映产品属性，不得使用带有诱惑性、误导性和承诺性的称谓以及易引发争议的模糊性语言。理财产品名称中含有拟投资资产名称的，拟投资该资产的比例须达到该理财产品规模的50%（含）以上；对挂钩性结构化理财产品，名称中含有挂钩资产名称的，需要在名称中明确所挂钩标的资产占理财资金的比例或明确是用本金投资的预期收益挂钩标的资产。

第四章 理财产品风险评级

第二十四条 商业银行应当采用科学、合理的方法对拟销售的理财产品自主进行风险评级，制定风险管控措施，进行分级审核批准。理财产品风险评级结果应当以风险等级体现，由低到高至少包括五个等级，并可根据实际情况进一步细分。

第二十五条 商业银行应当根据风险匹配原则在理财产品风险评级与客户风险承受能力评估之间建立对应关系；应当在理财产品销售文件中明确提示产品适合销售的客户范围，并在销售系统中设置销售限制措施。

第二十六条 商业银行对理财产品进行风险评级的依据应当包括但不限于以下因素：

（一）理财产品投资范围、投资资产和投资比例；

（二）理财产品期限、成本、收益测算；

（三）本行开发设计的同类理财产品过往业绩；

（四）理财产品运营过程中存在的各类风险。

第五章 客户风险承受能力评估

第二十七条 商业银行应当对客户风险承受能力进行评估，确定客户风险承受能力评级，由低到高至少包括五级，并可根据实际情况进一步细分。

第二十八条 商业银行应当在客户首次购买理财产品前在本行网点进行风险承受能力评估。风险承受能力评估依据至少应当包括客户年龄、财务状况、投资经验、投资目的、收益预期、风险偏好、流动性要求、风险认识以及风险损失承受程度等。商业银行对超过65岁（含）的客户进行风险承受能力评估时，应当充分考虑客户年龄、相关投资经验等因素。商业银行完成客户风险承受能力评估后应当将风险承受能力评估结果告知客户，由客户签名确认后留存。

第二十九条 商业银行应当定期或不定期地采用当面或网上银行方式对客户进行风险承受能力持续评估。超过一年未进行风险承受能力评估或发生可能影响自身风险承受能力情况的客户，再次购买理财产品时，应当在商业银行网点或其网上银行完成风险承受能力评估，评估结果应当由客户签名确认；未进行评估，商业银行不得再次向其销售理财产品。

第三十条 商业银行应当制定本行统一的客户风险承受能力评估书。商业银行应当在客户风险承受能力评估书中明确提示，如客户发生可能影响其自身风险承受能力的情形，再次购买理财产品时应当主动要求商业银行对其进行风险承受能力评估。

第三十一条 商业银行为私人银行客户和高资产净值客户提供理财产品销售服务应当按照本办法规定进行客户风险承受能力评估。私人银行客户是指金融净资产达到600万元人民币及以上的商业银行客户；商业银行在提供服务时，由客户提供相关证明并签字确认。高资产净值客户是满足下列条件之一的商业银行客户：

（一）单笔认购理财产品不少于100万元人民币的自然人；

（二）认购理财产品时，个人或家庭金融净资产总计超过100万元人民币，且能提供相关证明的自然人；

（三）个人收入在最近三年每年超过20万元人民币或者家庭合计收入在最近三年内每年超过30万元人民币，且能提供相关证明的自然人。

第三十二条 商业银行分支机构理财产品销售部门负责人或经授权的业务主管人员应当定期对已完成的客户风险承受能力评估书进行审核。

第三十三条 商业银行应当建立客户风险承受能力评估信息管理系统，用于测评、记录和留存客户风险承受能力评估内容和结果。

第六章 理财产品销售管理

第三十四条 商业银行不得销售无市场分析预测、无风险管控预案、无风险评级、不能独立测算的理财产品，不得销售风险收益严重不对称的含有复杂金融衍生工具的理财产品。

第三十五条 商业银行不得无条件向客户承诺高于同期存款利率的保证收益率；高于同期存款利率的保证收益，应当是对客户有附加条件的保证收益。商业银行向客户承诺保证收益的附加条件可以是对理财产品期限调整、币种转换等权利，也可以是对最终支付货币和工具的选择权利等，承诺保证收益的附加条件所产生的投资风险应当由客户承担，并应当在销售文件明确告知客户。商业银行不得承诺或变相承诺除保证收益以外的任何可获得收益。

第三十六条 商业银行不得将存款单独作为理财产品销售，不得将理财产品与存款进行强制性搭配销售。商业银行不得将理财产品作为存款进行宣传销售，不得违反国家利率管理政策变相高息揽储。

第三十七条 商业银行从事理财产品销售活动，不得有下列情形：

（一）通过销售或购买理财产品方式调节监管指标，进行监管套利；

（二）将理财产品与其他产品进行捆绑销售；

（三）采取抽奖、回扣或者赠送实物等方式销售理财产品；

（四）通过理财产品进行利益输送；

（五）挪用客户认购、申购、赎回资金；

（六）销售人员代替客户签署文件；

（七）中国银监会规定禁止的其他情形。

第三十八条 商业银行应当根据理财产品风险评级、潜在客户群的风险承受能力评级，为理财产品设置适当的单一客户销售起点金额。风险评级为一级和二级的理财产品，单一客户销售起点金额不得低于5万元人民币；风险评级为三级和四级的理财产品，单一客户销售起点金额不得低于10万元人民币；风险评级为五级的理财产品，单一客户销售起点金额不得低于20万元人民币。

第三十九条 商业银行不得通过电视、电台渠道对具体理财产品进行宣传；通过电话、传真、短信、邮件等方式开展理财产品宣传时，如客户明确表示不同意，商业银行不得再通过此种方式向客户开展理财产品宣传。

第四十条 商业银行通过本行网上银行销售理财产品时，应当遵守本办法第二十八条规定；销售过程应有醒目的风险提示，风险确认不得低于网点标准，销售过程应当保留完整记录。

第四十一条 商业银行通过本行电话银行销售理财产品时，应当遵守本办法第二十八条规定；销售人员应当是具有理财从业资格的银行人员，销售过程应当使用统一的规范用语，妥善保管客户信息，履行相应的保密义务。商业银行通过本行电话银行向客户销售理财产品应当征得客户同意，明确告知客户销售的是理财产品，不得误导客户；销售过程的风险确认不得低于网点标准，销售过程应当录音并妥善保存。

第四十二条 商业银行销售风险评级为四级（含）以上理财产品时，除非与客户书面约定，否则应当在商业银行网点进行。

第四十三条 商业银行向私人银行客户销售专门为其设计开发的理财产品或投资组合时，双方应当签订专门的理财服务协议，销售活动可按服务协议约定方式进行，但应当确保销售过程符合相关法律法规规定。

第四十四条 商业银行向机构客户销售理财产品不适用本办法有关客户风险承受能力评估、风险确认语句抄录的相关规定，但应当确保销售过程符合相关法律法规及本办法其他条款规定。商业银行向机构客户销售专门为其设计开发的理财产品，双方应当签订专门的理财服务协议，销售活动可以按服务协议约定方式执行，但应当确保销售过程符合相关法律法规规定。

第四十五条 对于单笔投资金额较大的客户，商业银行应当在完成销售前将包括销售文件在内的认购资料至少报经商业银行分支机构销售部门负责人审核或其授权的业务主管人员审核；单笔金额标准和审核权限，由商业银行根据理财产品特性和本行风险管理要求制定。已经完成销售的理财产品销售文件，应至少报经商业银行分支机构理财产品销售部门负责人或其授权的业务主管人员定期审核。

第四十六条 客户购买风险较高或单笔金额较大的理财产品，除非双方书面约定，否则商业银行应当在划款时以电话等方式与客户进行最后确认；如果客户不同意购买该理财产品，商业银行应当遵从客户意愿，解除已签订的销售文件。风险较高和单笔金额较大的标准，由商业银行根据理财产品特性和本行风险管理要求制定。

第四十七条 商业银行不得将其他商业银行或其他金融机构开发设计

的理财产品标记本行标识后作为自有理财产品销售。商业银行代理销售其他商业银行理财产品应当遵守本办法规定，进行充分的风险审查并承担相应责任。

第四十八条 商业银行应当建立异常销售的监控、记录、报告和处理制度，重点关注理财产品销售业务中的不当销售和误导销售行为，至少应当包括以下异常情况：

（一）客户频繁开立、撤销理财账户；

（二）客户风险承受能力与理财产品风险不匹配；

（三）商业银行超过约定时间进行资金划付；

（四）其他应当关注的异常情况。

第七章 销售人员管理

第四十九条 本办法所称销售人员是指商业银行面向客户从事理财产品宣传推介、销售、办理申购和赎回等相关活动的人员。

第五十条 销售人员除应当具备理财产品销售资格以及相关法律法规、金融、财务等专业知识和技能外，还应当满足以下要求：

（一）对理财业务相关法律、法规和监管规定等有充分了解和认识；

（二）遵守监管部门和商业银行制定的理财业务人员职业道德标准或守则；

（三）掌握所宣传销售的理财产品或向客户提供咨询顾问意见所涉及理财产品的特性，对有关理财产品市场有所认识和理解；

（四）具备相应的学历水平和工作经验；

（五）具备监管部门要求的行业资格。

第五十一条 销售人员从事理财产品销售活动，应当遵循以下原则：

（一）勤勉尽职原则。销售人员应当以对客户高度负责的态度执业，认真履行各项职责。

（二）诚实守信原则。销售人员应当忠实于客户，以诚实、公正的态度、合法的方式执业，如实告知客户可能影响其利益的重要情况和理财产品风险评级情况。

（三）公平对待客户原则。在理财产品销售活动中发生分歧或矛盾时，销售人员应当公平对待客户，不得损害客户合法权益。

（四）专业胜任原则。销售人员应当具备理财产品销售的专业资格和技能，胜任理财产品销售工作。

第五十二条 销售人员在向客户宣传销售理财产品时，应当先做自我介绍，尊重客户意愿，不得在客户不愿或不便的情况下进行宣传销售。

第五十三条 销售人员在为客户办理理财产品认购手续前，应当遵守本办法规定，特别注意以下事项：

（一）有效识别客户身份；

（二）向客户介绍理财产品销售业务流程、收费标准及方式等；

（三）了解客户风险承受能力评估情况、投资期限和流动性要求；

（四）提醒客户阅读销售文件，特别是风险揭示书和权益须知；

（五）确认客户抄录了风险确认语句。

第五十四条 销售人员从事理财产品销售活动，不得有下列情形：

（一）在销售活动中为自己或他人牟取不正当利益，承诺进行利益输送，通过给予他人财物或利益，或接受他人给予的财物或利益等形式进行商业贿赂；

（二）诋毁其他机构的理财产品或销售人员；

（三）散布虚假信息，扰乱市场秩序；

（四）违规接受客户全权委托，私自代理客户进行理财产品认购、申购、赎回等交易；

（五）违规对客户做出盈亏承诺，或与客户以口头或书面形式约定利益分成或亏损分担；

（六）挪用客户交易资金或理财产品；

（七）擅自更改客户交易指令；

（八）其他可能有损客户合法权益和所在机构声誉的行为。

第五十五条 商业银行应当向销售人员提供每年不少于 20 小时的培训，确保销售人员掌握理财业务监管政策、规章制度，熟悉理财产品宣传销售文本、产品风险特性等专业知识。培训记录应当详细记载培训要求、方式、时间及考核结果等，未达到培训要求的销售人员应当暂停从事理财产品销售活动。

第五十六条 商业银行应当建立健全销售人员资格考核、继续培训、跟踪评价等管理制度，不得对销售人员采用以销售业绩作为单一考核和奖励指标的考核方法，并应当将客户投诉情况、误导销售以及其他违规行为纳入考核指标体系。商业银行应当对销售人员在销售活动中出现的违规行为进行问责处理，将其纳入本行人力资源评价考核系统，持续跟踪考核。对于频繁被客户投诉、查证属实的销售人员，应当将其调离销售岗位；情节严重的应当按照本办法规定承担相应法律责任。

第八章　销售内控制度

第五十七条　商业银行董事会和高级管理层应当充分了解理财产品销售可能存在的合规风险、操作风险、法律风险、声誉风险等，密切关注理财产品销售过程中各项风险管控措施的执行情况，确保理财产品销售的各项管理制度和风险控制措施体现充分了解客户和符合客户利益的原则。

第五十八条　商业银行应当明确规定理财产品销售的管理部门，根据国家有关法律法规及销售业务的性质和自身特点建立科学、透明的理财产品销售管理体系和决策程序，高效、严谨的业务运营系统，健全、有效的内部监督系统，以及应急处理机制。

第五十九条　商业银行应当建立包括理财产品风险评级、客户风险承受能力评估、销售活动风险评估等在内的科学严密的风险管理体系和内部控制制度，对内外部风险进行识别、评估和管理，规范销售行为，确保将合适的产品销售给合适的客户。

第六十条　商业银行应当建立健全符合本行情况的理财产品销售授权控制体系，加强对分支机构的管理，有效控制分支机构的销售风险。授权管理应当至少包括：

（一）明确规定分支机构的业务权限；

（二）制定统一的标准化销售服务规程，提高分支机构的销售服务质量；

（三）统一信息技术系统和平台，确保客户信息的有效管理和客户资金安全；

（四）建立清晰的报告路线，保持信息渠道畅通；

（五）加强对分支机构的监督管理，采取定期核对、现场核查、风险评估等方式有效控制分支机构的风险。

第六十一条　商业银行应当建立理财产品销售业务账户管理制度，确保各类账户的开立和使用符合法律法规和相关监管规定，保障理财产品销售资金的安全和账户的有序管理。

第六十二条　商业银行应当制定理财产品销售业务基本规程，对开户、销户、资料变更等账户类业务，认购、申购、赎回、转换等交易类业务做出规定。

第六十三条　商业银行应当建立全面、透明、快捷和有效的客户投诉处理体系，具体应当包括：

（一）有专门的部门受理和处理客户投诉；

（二）建立客户投诉处理机制，至少应当包括投诉处理流程、调查程序、解决方案、客户反馈程序、内部反馈程序等；

（三）为客户提供合理的投诉途径，确保客户了解投诉的途径、方法及程序，采用本行统一标准，公平和公正地处理投诉；

（四）向社会公布受理客户投诉的方式，包括电话、邮件、信函以及现场投诉等并公布投诉处理规则；

（五）准确记录投诉内容，所有投诉应当保留记录并存档，投诉电话应当录音；

（六）评估客户投诉风险，采取适当措施，及时妥善处理客户投诉；

（七）定期根据客户投诉总结相关问题，形成分析报告，及时发现业务风险，完善内控制度。

第六十四条 商业银行应当依法建立客户信息管理制度和保密制度，防范客户信息被不当使用。

第六十五条 商业银行应当建立文档保存制度，妥善保存理财产品销售环节涉及的所有文件、记录、录音等相关资料。

第六十六条 商业银行应当具备与管控理财产品销售风险相适应的技术支持系统和后台保障能力，尽快建立完整的销售信息管理系统，设置必要的信息管理岗位，确保销售管理系统安全运行。

第六十七条 商业银行应当建立和完善理财产品销售质量控制制度，制定实施内部监督和独立审核措施，配备必要的人员，对本行理财产品销售人员的操守资质、服务合规性和服务质量等进行内部调查和监督。内部调查应当采用多样化的方式进行。对理财产品销售质量进行调查时，内部调查监督人员还应当亲自或委托适当的人员，以客户身份进行调查。

内部调查监督人员应当在审查销售服务记录、合同和其他材料等基础上，重点检查是否存在不当销售的情况。

第九章 监督管理

第六十八条 中国银监会及其派出机构根据审慎监管要求，对商业银行理财产品销售活动进行非现场监管和现场检查。

第六十九条 商业银行销售理财产品实行报告制，报告期间，不得对报告的理财产品开展宣传销售活动。商业银行总行或授权分支机构开发设计的理财产品，应当由商业银行总行负责报告，报告材料应当经商业银行主管理财业务的高级管理人员审核批准。商业银行总行应当在销售前10日，将以下材料向中国银监会负责法人机构监管的部门或属地银监局报告(外国银行分行参照执行)：

（一）理财产品的可行性评估报告，主要内容包括：产品基本特性、目标客户群、拟销售时间和规模、拟销售地区、理财资金投向、投资组合安排、资金成本与收益测算、含有预期收益率的理财产品的收益测算方式和测算依据、产品风险评估及管控措施等；

（二）内部审核文件；

（三）对理财产品投资管理人、托管人、投资顾问等相关方的尽职调查文件；

（四）与理财产品投资管理人、托管人、投资顾问等相关方签署的法律文件；

（五）理财产品销售文件，包括理财产品销售协议书、理财产品说明书、风险揭示书、客户权益须知等；

（六）理财产品宣传材料，包括银行营业网点、银行官方网站和银行委托第三方网站向客户提供的理财产品宣传材料，以及通过各种媒体投放的产品广告等；

（七）报告材料联络人的具体联系方式；

（八）中国银监会及其派出机构要求的其他材料。商业银行向机构客户和私人银行客户销售专门为其开发设计的理财产品不适用本条规定。

第七十条 商业银行分支机构应当在开始发售理财产品之日起5日内，将以下材料向所在地中国银监会派出机构报告：

（一）总行理财产品发售授权书；

（二）理财产品销售文件，包括理财产品协议书、理财产品说明书、风险揭示书、客户权益须知等；

（三）理财产品宣传材料，包括银行营业网点、银行官方网站和银行委托第三方网站向客户提供的产品宣传材料，以及通过各种媒体投放的产品广告等；

（四）报告材料联络人的具体联系方式；

（五）中国银监会及其派出机构要求的其他材料。商业银行向机构客户和私人银行客户销售专门为其开发设计的理财产品不适用本条规定。

第七十一条 商业银行应当确保报告材料的真实性和完整性。报告材料不齐全或者不符合形式要求的，应当按照中国银监会或其派出机构的要求进行补充报送或调整后重新报送。

第七十二条 商业银行理财业务有下列情形之一的，应当及时向中国银监会或其派出机构报告：

（一）发生群体性事件、重大投诉等重大事件；

（二）挪用客户资金或资产；

（三）投资交易对手或其他信用关联方发生重大信用违约事件，可能造成理财产品重大亏损；

（四）理财产品出现重大亏损；

（五）销售中出现的其他重大违法违规行为。

第七十三条 商业银行应当根据中国银监会的规定对理财产品销售进行月度、季度和年度统计分析，报送中国银监会及其派出机构。商业银行应当在每个会计年度结束时编制本年度理财业务发展报告，应当至少包括销售情况、投资情况、收益分配、客户投诉情况等，于下一年度2月底前报送中国银监会及其派出机构。

第十章　法律责任

第七十四条 商业银行违反本办法规定开展理财产品销售的，中国银监会或其派出机构责令限期改正，情节严重或者逾期不改正的，中国银监会或其派出机构可以区别不同情形，根据《中华人民共和国银行业监督管理法》第三十七条规定采取相应监管措施。

第七十五条 商业银行开展理财产品销售业务有下列情形之一的，由中国银监会或其派出机构责令限期改正，除按照本办法第七十四条规定采取相关监管措施外，还可以并处二十万以上五十万元以下罚款；涉嫌犯罪的，依法移送司法机关：

（一）违规开展理财产品销售造成客户或银行重大经济损失的；

（二）泄露或不当使用客户个人资料和交易记录造成严重后果的；

（三）挪用客户资产的；

（四）利用理财业务从事洗钱、逃税等违法犯罪活动的；

（五）其他严重违反审慎经营规则的。

第七十六条 商业银行违反法律、行政法规以及国家有关银行业监督管理规定的，中国银监会或其派出机构除依照本办法第七十四条和第七十五条规定处理外，还可以区别不同情形，按照《中华人民共和国银行业监督管理法》第四十八条规定采取相应监管措施。

第十一章　附　　则

第七十七条　本办法中的"日"指工作日。

第七十八条　农村合作银行、城市信用社、农村信用社等其他银行业金融机构开展理财产品销售业务，参照本办法执行。

第七十九条　本办法由中国银监会负责解释。

第八十条　本办法自2012年1月1日起施行。

保险公司保险业务转让管理暂行办法

（2011年8月22日中国保险监督管理委员会主席办公会审议通过
2011年8月26日中国保险监督管理委员会令2011年
第1号公布　自2011年10月1日起施行）

第一条　为了规范保险公司保险业务转让行为，保护投保人、被保险人和受益人的合法权益，维护保险市场秩序，根据《中华人民共和国保险法》（以下简称《保险法》），制定本办法。

第二条　中国保险监督管理委员会（以下简称中国保监会）根据法律和国务院授权，对保险公司保险业务转让行为实施监督管理。

第三条　保险公司转让全部或者部分保险业务，应当经中国保监会批准。

前款所称的"部分保险业务"的标准，由中国保监会另行规定。

第四条　保险公司转让保险业务，应当遵循自愿、公开、公平、公正的原则。

第五条　保险公司转让保险业务，不得泄露在此过程中获悉的商业秘密和个人隐私，不得损害投保人、被保险人和受益人的合法权益。

第六条　保险业务转让双方应当在平等协商基础上订立保险业务转让协议。

第七条 保险业务受让方保险公司应当承担转让方保险公司依照原保险合同对投保人、被保险人和受益人负有的义务。

第八条 保险业务受让方保险公司应当符合下列条件：

（一）受让的保险业务在其业务范围之内；

（二）公司治理结构完善，内控制度健全；

（三）偿付能力充足，且受让保险业务后，其偿付能力符合中国保监会的相关规定；

（四）最近2年内无受金融监管机构重大行政处罚的记录；

（五）在受让业务的保单最初签发地设有分支机构；

（六）已进行经营管理受让业务的可行性研究；

（七）中国保监会规定的其他条件。

第九条 保险业务转让双方应当聘请律师事务所、会计师事务所等专业中介机构，对转让的保险业务的价值、合规性等方面进行评估。

第十条 保险业务转让双方应当按照中国保监会的有关规定，对转让业务的责任准备金进行评估，确保充分、合理。

第十一条 保险公司转让或者受让保险业务，应当经董事会或者股东会、股东大会批准；转让全部保险业务的，应当经股东会、股东大会批准。

第十二条 保险业务转让双方应当向中国保监会提交下列材料一式三份：

（一）保险业务转让双方的基本情况；

（二）保险业务转让协议；

（三）保险业务转让程序安排；

（四）经营管理受让保险业务的可行性方案；

（五）专业中介机构的评估报告；

（六）转让业务的责任准备金评估报告；

（七）受让方保险公司上一年度偿付能力报告和受让业务对受让方保险公司偿付能力影响的分析报告；

（八）保险业务转让双方的董事会或者股东会、股东大会作出的批准保险业务转让协议的文件；

（九）中国保监会规定提交的其他材料。

其中，第（三）项、第（五）项和第（六）项须双方共同签字确认。

第十三条 中国保监会批准保险业务转让后，转让方保险公司应当及时将受让方保险公司基本信息、转让方案概要及责任承担等相关事宜书面告知相关投保人、被保险人，并征得相关投保人、被保险人的同意；人身保险合同的被保险人死亡的，转让方保险公司应当书面告知受益人并征得其同意。

保险业务转让双方应当合理实施业务转让方案，妥善处置业务转让相关事宜。

第十四条 中国保监会批准保险业务转让后，保险业务转让双方应当在中国保监会指定的报纸上联合公告，公告次数不得少于三次，同时在各自的互联网网站进行公告，公告期不得少于一个月。

第十五条 保险公司转让全部保险业务，依法终止其业务活动的，应当在转让协议履行完毕之日起十五个工作日内向中国保监会办理保险许可证注销手续，并向工商行政管理部门办理相关手续。

保险公司转让部分保险业务，涉及保险许可证事项变更的，应当在转让协议履行完毕之日起十五个工作日内，按照中国保监会的有关规定办理变更手续。

第十六条 保险公司违反本办法进行保险业务转让的，由中国保监会责令其限期改正，并依法进行处罚。

第十七条 《保险法》第二十八条规定的再保险、第九十二条、第一百三十九条规定的保险业务转让，不适用本办法。

保险公司转让保险业务，不得违反《保险法》第八十九条第二款的规定。

第十八条 中国保监会对保险公司保险业务转让另有规定的，从其规定。

第十九条 本办法由中国保监会负责解释。

第二十条 本办法自2011年10月1日起施行。

基金管理公司特定客户资产管理业务试点办法

（2010年10月25日中国证券监督管理委员会第282次主席办公会议修订通过　2011年8月25日中国证券监督管理委员会令第74号公布　自2011年10月1日起施行）

第一章　总　　则

第一条　为了规范基金管理公司特定客户资产管理业务（以下简称特定资产管理业务），保护当事人的合法权益，根据《中华人民共和国证券投资基金法》（以下简称《证券投资基金法》）及相关法律法规，制定本办法。

第二条　基金管理公司向特定客户募集资金或者接受特定客户财产委托担任资产管理人，由商业银行担任资产托管人，为资产委托人的利益，运用委托财产进行证券投资的活动，适用本办法。

第三条　从事特定资产管理业务，应当遵循自愿、公平、诚信、规范的原则，维护证券市场的正常秩序，保护各方当事人的合法权益，禁止各种形式的利益输送。

资产管理人、资产托管人应当恪守职责、履行诚实信用、谨慎勤勉的义务，公平对待所有投资人。

资产委托人应当确保资金来源合法，不得损害国家、社会公共利益和他人合法权益。

第四条　基金管理公司从事特定资产管理业务，委托财产独立于资产管理人和资产托管人的固有财产，并独立于资产管理人管理的和资产托管人托管的其他财产。资产管理人、资产托管人不得将委托财产归入其固有财产。

资产管理人、资产托管人因委托财产的管理、运用或者其他情形而取得的财产和收益，归入委托财产。

资产管理人、资产托管人因依法解散、被依法撤销或者被依法宣告破产等原因进行清算的，委托财产不属于其清算财产。

第五条 中国证券监督管理委员会（以下简称中国证监会）依照法律、行政法规和本办法的规定，对特定资产管理业务实施监督管理。

第六条 证券、期货交易所依照法律、行政法规和本办法的规定，对特定资产管理业务的证券、期货交易行为实施监督。

第二章 业务规范

第七条 基金管理公司从事特定资产管理业务，可以采取以下形式：

（一）为单一客户办理特定资产管理业务；

（二）为特定的多个客户办理特定资产管理业务。

第八条 符合下列条件的基金管理公司经中国证监会批准，可以开展特定资产管理业务：

（一）经营行为规范且最近1年内没有因违法违规行为受到行政处罚或被监管机构责令整改，没有因违法违规行为正在被监管机构调查；

（二）已经配备了适当的专业人员从事特定资产管理业务；

（三）已经就防范利益输送、违规承诺收益或者承担损失、不正当竞争等行为制定了有效的业务规则和措施；

（四）已经建立公平交易管理制度，明确了公平交易的原则、内容以及实现公平交易的具体措施；

（五）已经建立有效的投资监控制度和报告制度，能够及时发现异常交易行为；

（六）中国证监会根据审慎监管原则确定的其他条件。

第九条 为单一客户办理特定资产管理业务的，客户委托的初始资产不得低于3000万元人民币，中国证监会另有规定的除外。

第十条 为多个客户办理特定资产管理业务的，基金管理公司应当向符合条件的特定客户销售特定多个客户资产管理计划（以下简称资产管理计划）。

前款所称符合条件的特定客户，是指委托投资单个资产管理计划初始金额不低于100万元人民币，且能够识别、判断和承担相应投资风险的自然人、法人、依法成立的组织或中国证监会认可的其他特定客户。

第十一条 基金管理公司为多个客户办理特定资产管理业务的，单个资产管理计划的委托人人数不得超过200人，客户委托的初始资产合计不得低于3000万元人民币，中国证监会另有规定的除外。

资产管理计划应当设定为均等份额。除资产管理合同另有约定外，每份计划份额具有同等的合法权益。

第十二条 基金管理公司从事特定资产管理业务，应当将委托财产交由具有基金托管资格的商业银行托管。

第十三条 从事特定资产管理业务，资产委托人、资产管理人、资产托管人应当订立书面的资产管理合同，明确约定各自的权利、义务和相关事宜。

资产管理合同的内容与格式由中国证监会另行规定。

第十四条 基金管理公司向特定客户销售资产管理计划，应当编制投资说明书。投资说明书应当真实、准确、完整，不得有任何虚假记载、误导性陈述或者重大遗漏。

投资说明书应当包括以下内容：

（一）资产管理计划概况；

（二）资产管理合同的主要内容；

（三）资产管理人与资产托管人概况；

（四）投资风险揭示；

（五）初始销售期间；

（六）中国证监会规定的其他事项。

第十五条 为多个客户办理特定资产管理业务的，基金管理公司在签订资产管理合同前，应当保证有充足时间供资产委托人审阅合同内容，并对资产委托人资金能力、金融投资经验和投资目的进行充分了解，制作客户资料表和相关证明材料留存备查，并应指派专人就资产管理计划向资产委托人作出详细说明。

第十六条 资产管理人、资产托管人应当在资产管理合同中充分揭示管理、运用委托财产进行投资可能面临的风险，使资产委托人充分理解相关权利及义务，愿意承担相应的投资风险。

第十七条 基金管理公司可以自行销售资产管理计划，或者委托有基金销售资格的机构销售资产管理计划。

第十八条 为多个客户办理特定资产管理业务的，基金管理公司应当在投资说明书约定的期限内销售资产管理计划。初始销售期限届满，满足本办法第十一条规定的条件的，基金管理公司应当自初始销售期限届满之日起10日内聘请法定验资机构验资，并自收到验资报告之日起10日内，向中国证监会提交验资报告及客户资料表，办理相关备案手续。

第十九条 为多个客户办理特定资产管理业务的，资产管理人、销售机构应当在具有基金托管资格的商业银行开立与资产管理计划销售有关的账户，并由该银行对账户内的资金进行监督。

资产管理人应当将资产管理计划初始销售期间客户的资金存入专门账户，在资产管理计划初始销售行为结束前，任何人不得动用。

第二十条 资产管理计划初始销售期限届满，不能满足本办法第十一条规定的条件的，基金管理公司应当承担下列责任：

（一）以其固有财产承担因初始销售行为而产生的债务和费用；

（二）在初始销售期限届满后30日内返还客户已缴纳的款项，并加计银行同期活期存款利息。

第二十一条 委托财产应当用于下列投资：

（一）股票、债券、证券投资基金、央行票据、短期融资券、资产支持证券、金融衍生品、商品期货；

（二）中国证监会规定的其他投资品种。

第二十二条 基金管理公司从事特定资产管理业务，委托财产的投资组合应当满足法律法规和中国证监会的有关规定；参与股票发行申购时，单个投资组合所申报的金额不得超过该投资组合的总资产，单个投资组合所申报的股票数量不得超过拟发行股票公司本次发行股票的总量。

单个资产管理计划持有一家上市公司的股票，其市值不得超过该计划资产净值的20%；同一资产管理人管理的全部特定客户委托财产（包括单一客户和多客户特定资产管理业务）投资于一家公司发行的证券，不得超过该证券的10%。

完全按照有关指数的构成比例进行证券投资的资产管理计划可以不受前款规定的比例限制。

第二十三条 因证券市场波动、上市公司合并、资产管理计划规模变动等资产管理人之外的因素致使资产管理计划投资不符合本办法第二十二条规定的比例或者资产管理合同约定的投资比例的，资产管理人应当在10个交易日内调整完毕。

第二十四条 资产管理合同存续期间，资产管理人可以根据合同的约定，办理特定客户参与和退出资产管理计划的手续，由此发生的合理费用可以由资产委托人承担。

资产管理计划每季度至多开放一次计划份额的参与和退出，但中国证监会另有规定的除外。

第二十五条 资产管理计划份额的登记，由资产管理人负责办理；资产管理人可以委托其他机构代为办理。

第二十六条 从事特定资产管理业务，资产管理人、资产托管人和资产委托人应当依照法律法规和中国证监会的规定，履行与特定资产管理业务有关的信息报告与信息披露义务。

第二十七条 特定资产管理业务的管理费率、托管费率不得低于同类型或相似类型投资目标和投资策略的证券投资基金管理费率、托管费率的60%。

资产管理人可以与资产委托人约定，根据委托财产的管理情况提取适当的业绩报酬。在一个委托投资期间内，业绩报酬的提取比例不得高于所管理资产在该期间净收益的20%。固定管理费用和业绩报酬可以并行收取。

第二十八条 资产委托人在订立资产管理合同之前，应当充分向资产管理人告知其投资目的、投资偏好、投资限制和风险承受能力等基本情况，并就资金和证券资产来源的合法性做特别说明和书面承诺。

资产委托人从事资产委托，应当主动了解所投资品种的风险收益特征，并符合其业务决策程序的要求。

第二十九条 资产委托人应当遵守法律法规及本办法的有关规定，审慎、认真地签署资产管理合同，并忠实履行资产管理合同约定的各项义务。在财产委托期间，不得有下列行为：

（一）隐瞒真相、提供虚假资料；

（二）委托来源不当的资产从事洗钱活动；

（三）向资产管理人提供或索要商业贿赂；

（四）要求资产管理人违规承诺收益；

（五）要求资产管理人减免或返还管理费；

（六）要求资产管理人利用所管理的其他资产为资产委托人谋取不当利益；

（七）要求资产管理人在证券承销、证券投资等业务活动中为其提供配合；

（八）违反资产管理合同干涉资产管理人的投资行为；

（九）从事任何有损资产管理人管理的其他资产、资产托管人托管的其他资产合法权益的活动；

（十）法律法规和中国证监会禁止的其他行为。

第三十条 资产管理人应当了解客户的风险偏好、风险认知能力和承受能力，评估客户的财务状况，向客户说明有关法律法规和相关投资工具的运作市场及方式，充分揭示相关风险。

第三十一条 资产管埋人和资产托管人应当按照中国证监会的相关规定，为委托财产开立专门用于投资管理的证券账户、期货账户和资金账户，以办理相关业务的登记、结算事宜。

基金管理公司应当公平地对待所管理的不同资产，建立有效的异常交易日常监控制度，对不同投资组合之间发生的同向交易和反向交易（包括交易时间、交易价格、交易数量、交易理由等）进行监控，并定期向中国证监会报告。

严格禁止同一投资组合在同一交易日内进行反向交易及其他可能导致不公平交易和利益输送的交易行为。

第三十二条 基金管理公司应当主动避免可能的利益冲突，对于资产管理合同、交易行为中存在的或可能存在利益冲突的关联交易应当进行说明，并向中国证监会报告。

第三十三条 基金管理公司从事特定资产管理业务，应当设立专门的业务部门，投资经理与证券投资基金的基金经理不得相互兼任。

办理特定资产管理业务的投资经理应当报中国证监会备案。

第三十四条 基金管理公司从事特定资产管理业务，不得有以下行为：

（一）利用所管理的其他资产为特定的资产委托人谋取不正当利益、进行利益输送；

（二）利用所管理的特定客户资产为该委托人之外的任何第三方谋取不正当利益、进行利益输送；

（三）采用任何方式向资产委托人返还管理费；

（四）违规向客户承诺收益或承担损失；

（五）将其固有财产或者他人财产混同于委托财产从事证券投资；

（六）违反资产管理合同的约定，超越权限管理、从事证券投资；

（七）通过报刊、电视、广播、互联网网站（基金管理公司、销售机构网站除外）和其他公共媒体公开推介具体的特定资产管理业务方案和资产管理计划；

（八）索取或收受特定资产管理业务报酬之外的不当利益；

（九）从事内幕交易、操纵证券交易价格及其他不正当的证券交易活动；

（十）法律法规和中国证监会禁止的其他行为。

第三十五条 资产托管人发现资产管理人的投资指令违反法律、行政法规和其他有关规定，或者违反资产管理合同约定的，应当拒绝执行，立即通知资产管理人和资产委托人并及时报告中国证监会。

资产托管人发现资产管理人依据交易程序已经生效的投资指令违反法律、行政法规和其他有关规定，或者违反资产管理合同约定的，应当立即通知资产管理人和资产委托人并及时报告中国证监会。

第三章 监督管理

第三十六条 为单一客户办理特定资产管理业务的，资产管理人应当在5个工作日内将签订的资产管理合同报中国证监会备案。对资产管理合同任何形式的变更、补充，资产管理人应当在变更或补充发生之日起5个工作日内报中国证监会备案。

第三十七条 为多个客户办理特定资产管理业务的，资产管理人应当在销售某一资产管理计划前将资产管理合同草案、投资说明书草案、销售计划及中国证监会要求的其他材料报中国证监会备案。中国证监会自收到完整的备案材料之日起10个工作日内予以备案登记。备案登记完毕，基金管理公司可以开始销售该资产管理计划。

资产管理合同草案、投资说明书草案、销售计划等材料的内容不符合法律法规有关规定的，基金管理公司应当根据中国证监会的要求作出修改，并重新办理备案登记手续。

第三十八条 资产管理人应当按照资产管理合同的约定，编制并向资产委托人报送委托财产的投资报告，对报告期内委托财产的投资运作等情况做出说明。该报告应当由资产托管人进行复核并出具书面意见。

第三十九条 资产管理人、资产托管人应当保证资产委托人能够按照资产管理合同约定的时间和方式查询委托财产的投资运作、托管等情况。发生资产管理合同约定的、可能影响客户利益的重大事项时，资产管理人应当及时告知资产委托人。

第四十条 基金管理公司应当分析所管理的证券投资基金和委托财产投资组合的业绩表现。在一个委托投资期间内，若投资目标和投资策略类似的证券投资基金和委托财产投资组合之间的业绩表现有明显差距，则应出具书面分析报告，由投资经理、督察长、总经理分别签署后报中国证监会备案。

第四十一条 基金管理公司应当在每季度结束之日起的15个工作日内，完成特定资产管理业务季度报告，并报中国证监会备案。特定资产管理业务季度报告应当就公平交易制度执行情况和特定资产管理业务与证券投资基金之间的业绩比较、异常交易行为做专项说明，并由投资经理、督察长、总经理分别签署。

资产管理人、资产托管人应当在每年结束之日起3个月内，完成特定资产管理业务管理年度报告和托管年度报告，并报中国证监会备案。

第四十二条 资产管理人、资产托管人应当按照法律、行政法规以及中国证监会的有关规定，保存特定资产管理业务的全部会计资料，并妥善保存有关的合同、协议、交易记录等文件、资料。

第四十三条 证券、期货交易所应当对同一基金管理公司管理的证券投资基金与委托财产投资组合之间发生的异常交易行为进行严格监控，并及时向中国证监会报告。

第四章 法律责任

第四十四条 资产管理人、资产托管人违反法律、行政法规及本办法规定的，中国证监会及其派出机构对其采取责令改正、暂停办理相关业务等行政监管措施；对直接负责的主管人员和其他直接责任人员，采取监管谈话、出具警示函、暂停履行职务、认定为不适宜担任相关职务者等行政监管措施。

第四十五条 资产管理人、资产托管人及其直接负责的主管人员和其他直接责任人员违反本办法规定从事特定资产管理业务的，中国证监会依照本办法进行行政处罚；法律、行政法规另有规定的，按照有关规定进行行政处罚；涉嫌犯罪的，依法移送司法机关，追究其刑事责任。

第四十六条 资产管理人、资产托管人违反本办法第二十七条的规定提取管理费和托管费的，责令改正，单处或者并处警告、罚款；情节严重的，责令暂停办理相关业务；对直接负责的主管人员和其他直接责任人员，单处或者并处警告、罚款；情节严重的，按照有关规定，采取证券市场禁入措施。

第四十七条 资产管理人、资产托管人违反本办法第三十四条第（一）项的规定，利用其所管理、托管的证券投资基金为特定的资产委托人谋取不正当利益、进行利益输送的，依照《证券投资基金法》第八十九条的规定处罚；资产管理人、资产托管人违反本办法第三十四条第（一）项的规定，利用其所管理、托管的证券投资基金之外的资产为特定的资产委托人谋取不正当利益、进行利益输送的，责令改正，单处或者并处警告、罚款；情节严重的，责令暂停办理相关业务；对直接负责的主管人员和其他直接责任人员，单处或者并处警告、罚款；情节严重的，按照有关规定，采取证券市场禁入措施。

第四十八条 资产管理人、资产托管人有下列情形之一的，责令改正，单处或者并处警告、罚款；情节严重的，责令暂停办理相关业务；对直接负责的主管人员和其他直接责任人员，单处或者并处警告、罚款；情节严重的，按照有关规定，采取证券市场禁入措施：

（一）违反本办法第八条的规定，未经中国证监会批准变更经营范围，擅自从事特定资产管理、托管业务；

（二）未按照本办法第十条的规定向符合条件的特定客户销售资产管理计划；

（三）未按照本办法第十二条的规定将委托财产交给资产托管人托管；

（四）未按照本办法第十四条的规定编制投资说明书；

（五）违反本办法第二十一条、第二十二条的规定，超越投资范围及投资限制；

（六）未按照本办法第二十三条的规定调整投资比例；

（七）未按照本办法第三十一条的规定公平对待所管理的各类资产；

（八）违反本办法第三十三条的规定，投资经理与证券投资基金的基金经理相互兼任；

（九）违反本办法第三十四条第（二）项至第（十）项规定的；

（十）未按照本办法第十八条、第三十六条、第三十七条的规定办理备案手续。

第四十九条 资产委托人违反本办法第二十八条、第二十九条规定的，责令改正，单处或者并处警告、罚款；对直接负责的主管人员和其他直接责任人员，单处或者并处警告、罚款。

第五十条 为特定资产管理业务出具审计报告、法律意见书等文件的专业机构未勤勉尽责，所制作、出具的文件有虚假记载、误导性陈述或重大遗漏的，责令改正，单处或并处警告、罚款；对直接负责的主管人员和其他直接责任人员，单处或者并处警告、罚款；情节严重的，按照有关规定，采取证券市场禁入措施。

第五章　附　　则

第五十一条 本办法自2011年10月1日起施行。《基金管理公司特定客户资产管理业务试点办法》（证监会令第51号）、《关于实施〈基金管理公司特定客户资产管理业务试点办法〉有关问题的通知》（证监基金字〔2007〕326号）、《关于基金管理公司开展特定多个客户资产管理业务有关问题的规定》（证监会公告〔2009〕10号）同时废止。

财政部　国家发展和改革委员会

关于印发《新兴产业创投计划参股创业投资基金管理暂行办法》的通知

2011 年 8 月 17 日　　财建〔2011〕668 号

各省、自治区、直辖市、计划单列市财政厅（局）、发展改革委：

为加快新兴产业创投计划实施，加强资金管理，根据《中华人民共和国促进科技成果转化法》、《国务院关于加快培育和发展战略性新兴产业的决定》[国发〔2010〕32 号]、《国务院办公厅转发发展改革委等部门关于促进自主创新成果产业化若干政策的通知》[国办发〔2008〕128 号] 精神，财政部、国家发展改革委制定了《新兴产业创投计划参股创业投资基金管理暂行办法》，现予印发，请遵照执行。

附件 1

新兴产业创投计划参股创业投资基金管理暂行办法

第一章　总　　则

第一条　为加快新兴产业创投计划实施，加强资金管理，根据《中华人民共和国促进科技成果转化法》、《国务院关于加快培育和发展战略性新兴产业的决定》[国发〔2010〕32 号]、《国务院办公厅转发发展改革委等部门关于促进自主创新成果产业化若干政策的通知》[国办发〔2008〕128 号] 精神，制定本办法。

第二条 本办法所称新兴产业创投计划是指中央财政资金通过直接投资创业企业、参股创业投资基金等方式，培育和促进新兴产业发展的活动。

本办法所称参股创业投资基金是指中央财政从产业技术研究与开发资金等专项资金中安排资金与地方政府资金、社会资本共同发起设立的创业投资基金或通过增资方式参与的现有创业投资基金（以下简称参股基金）。

第三条 参股基金管理遵循“政府引导、规范管理、市场运作、鼓励创新”原则，其发起设立或增资、投资管理、业绩奖励等按照市场化方式独立运作，自主经营，自负盈亏。

中央财政出资资金委托受托管理机构管理，政府部门及其受托管理机构不干预参股基金日常的经营和管理。

第四条 参股基金由财政部、国家发展改革委共同组织实施。

国家发展改革委会同财政部确定参股基金的区域和产业领域，委托受托管理机构开展尽职调查，审核确认参股基金方案并批复中央财政出资额度，对参股基金运行情况进行监督。

财政部会同国家发展改革委确定中央财政出资资金受托管理机构，拨付中央财政出资资金，对受托管理机构进行业绩考核和监督。

第二章 投资领域和方向

第五条 参股基金所在区域应具备发展战略性新兴产业和高技术产业的条件，有一定的人才、技术、项目资源储备。

第六条 参股基金投资应符合国家产业政策、高技术产业发展规划以及国家战略性新兴产业发展规划。

第七条 每支参股基金应集中投资于以下具体领域：节能环保、信息、生物与新医药、新能源、新材料、航空航天、海洋、先进装备制造、新能源汽车、高技术服务业（包括信息技术、生物技术、研发设计、检验检测、科技成果转化服务等）等战略性新兴产业和高新技术改造提升传统产业领域。

第八条 参股基金重点投向具备原始创新、集成创新或消化吸收再创新属性、且处于初创期、早中期的创新型企业，投资此类企业的资金比例不低于基金注册资本或承诺出资额的60%。

初创期创新型企业是指符合如下条件的企业，即：成立时间不超过5年，职工人数不超过300人，直接从事研究开发的科技人员占职工总数的20%以上，资产总额不超过3000万元人民币，年销售额或营业额不超过

3000万元人民币。

早中期创新型企业是指符合如下条件的企业，即：职工人数不超过500人，资产总额不超过2亿元人民币，年销售额或营业额不超过2亿元人民币。

第九条 参股基金不得从事以下业务：

（一）投资于已上市企业，所投资的未上市企业上市后，参股基金所持股份未转让及其配售部分除外；

（二）从事担保、抵押、委托贷款、房地产（包括购买自用房地产）等业务；

（三）投资于其他创业投资基金或投资性企业；

（四）投资于股票、期货、企业债券、信托产品、理财产品、保险计划及其他金融衍生品；

（五）向任何第三人提供赞助、捐赠等；

（六）吸收或变相吸收存款，或向任何第三人提供贷款和资金拆借；

（七）进行承担无限连带责任的对外投资；

（八）发行信托或集合理财产品的形式募集资金；

（九）存续期内，投资回收资金再用于对外投资；

（十）其他国家法律法规禁止从事的业务。

第三章 管理要求

第十条 参股基金的管理架构包括参股基金企业、参股基金管理机构、托管银行三方，三方按约定各司其职，各负其责。

第十一条 参股基金企业依照《中华人民共和国公司法》或《中华人民共和国合伙企业法》行使管理职权。包括确定参股基金投向、选择参股基金管理机构和托管银行、负责重大事项决策等。

第十二条 参股基金管理机构由参股基金企业确定，接受参股基金企业委托并签订委托管理协议，按照协议约定负责参股基金日常的投资和管理。参股基金管理机构应符合以下条件：

（一）在中国大陆注册，且注册资本不低于500万元人民币，有一定的资金募集能力，有固定的营业场所和与其业务相适应的软硬件设施，具备丰富的投资管理经验和良好的管理业绩，健全的创业投资管理和风险控制流程，规范的项目遴选机制和投资决策机制，能够为被投资企业提供创业辅导、管理咨询等增值服务；

（二）至少有3名具备3年以上创业投资或基金管理工作经验的高级

管理人员；至少有对3个以上创业企业投资的成功案例；

（三）参股基金管理机构及其工作人员无受过行政主管机关或司法机关处罚的不良记录。

第十三条 参股基金管理机构管理参股基金后，在完成对参股基金的70%资金委托投资之前，不得募集或管理其他创业投资基金。

第十四条 托管银行由参股基金企业确定，接受参股基金企业委托并签订资金托管协议，按照协议约定对参股基金托管专户进行管理，托管银行应符合以下条件：

（一）成立时间在五年以上全国性的股份制商业银行；

（二）与参股基金主要出资人、参股基金管理机构无股权、债务和亲属等关联和利害关系；

（三）具有创业投资基金托管经验；

（四）无重大过失及行政主管机关或司法机关处罚的不良记录。

第四章 申请条件

第十五条 新设立创业投资基金，申请中央财政资金出资的，应符合以下条件：

（一）主要发起人（合伙人，下同）、参股基金管理机构、托管银行已基本确定，并草签发起人协议、参股基金章程（合伙协议，下同）、委托管理协议、资金托管协议；其他出资人（合伙人，下同）已落实，并保证资金按约定及时足额到位；

（二）每支参股基金募集资金总额不低于2.5亿元人民币；主要发起人的注册资本或净资产不低于5000万元人民币；地方政府出资额不低于5000万元人民币；除中央财政和地方政府外的其他出资人出资额合计不低于1.5亿元人民币，其中除参股基金管理机构外的单个出资人出资额不低于1000万元人民币；除政府出资人外的其他出资人数量一般多于3个（含），不超过15个（含）；

（三）参股基金管理机构应对参股基金认缴出资，具体出资比例在参股基金章程中约定；

（四）创业投资基金应在设立6个月内按照《创业投资企业管理暂行办法》的规定进行备案。

第十六条 申请中央财政资金对现有创业投资基金进行增资的，除需符合新设立创业投资基金条件外，还应满足以下条件：

（一）创业投资基金已按有关法律法规设立，并开始投资运作，设立时间不超过12个月；

（二）创业投资基金全体出资人首期出资或首期认缴出资已经到位，且不低于注册资本或承诺出资额的20%；

（三）创业投资基金全体出资人同意中央财政资金入股（入伙），且增资价格按不高于发行价格和中国人民银行公布的同期活期存款利息之和协商确定（存款利息按最后一个出资人的实际资金到位时间与中央财政资金增资到位时间差，以及同期存款利率计算）；

（四）创业投资基金已按照或在增资6个月内按照《创业投资企业管理暂行办法》的规定进行备案。

第五章　激励机制

第十七条　中央财政出资资金与地方政府资金、其他出资人共同按参股基金章程约定向参股基金管理机构支付管理费用。

管理费用由参股基金企业支付，财政部不再列支管理费用。年度管理费用一般按照参股基金注册资本或承诺出资额的1.5—2.5%确定，具体比例在委托管理协议中明确。

第十八条　除对参股基金管理机构支付管理费外，参股基金企业还要对参股基金管理机构实施业绩奖励。业绩奖励采取"先回本后分利"的原则，原则上将参股基金增值收益（回收资金扣减参股基金出资）的20%奖励参股基金管理机构，剩余部分由中央财政、地方政府和其他出资人按照出资比例进行分配。

第十九条　对投资于初创期创新型企业的资金比例超过基金注册资本或承诺出资额70%的参股基金，中央财政资金可给予更大的让利幅度。

第六章　受托管理机构

第二十条　财政部会同国家发展改革委通过招标确定中央财政出资资金受托管理机构，并签订委托管理协议。

第二十一条　受托管理机构应符合以下条件：

（一）具有独立法人资格；

（二）注册资本不低于1亿元人民币；

（三）从事创业投资管理业务5年以上；

（四）有至少5名从事3年以上创业投资相关经历的从业人员；

（五）有完善的创业投资管理制度；

（六）有三个以上创业投资项目运作的成功经验；

（七）有作为出资人参与设立并管理创业投资基金的成功经验；

（八）最近三年以上持续保持良好的财务状况，没有受过行政主管机关或司法机关重大处罚的不良记录，严格按委托管理协议管理中央财政出资资金。

第二十二条 受托管理机构的职责主要包括：

（一）对参股基金开展尽职调查、入股谈判，签订参股基金章程；

（二）代表中央财政出资资金以出资额为限对参股基金行使出资人权利并承担相应义务，向参股基金派遣代表，监督参股基金投向；

（三）通过招标在财政部指定的国库集中支付代理银行范围内开设托管专户，根据参股基金章程约定，在地方政府、其他出资人按期缴付出资资金且足额到位后，将中央财政出资资金拨付参股基金账户；

（四）及时将中央财政出资资金的分红、退出等资金（含本金及收益）拨入托管专户并上缴中央国库；

（五）定期向财政部、国家发展改革委报告参股基金运作情况，股本变化情况及其他重大情况；

（六）受托管理机构应在创业投资备案管理部门进行附带备案。

第二十三条 财政部向受托管理机构支付日常管理费，日常管理费按年支付，当年支付上年，原则上每年按截至上年12月底已批复累计尚未回收中央财政出资额（以托管专户拨付被投资单位的金额和日期计算）的一定比例、按照超额累退方式核定，具体比例如下：

（一）中央财政出资额在20亿元（含）人民币以下的按2%核定；

（二）中央财政出资额在20—50亿元（含）人民币之间的部分按1.5%核定；

（三）中央财政出资额超过50亿元人民币的部分按1%核定。

第七章 申报审批程序

第二十四条 各省（自治区、直辖市、计划单列市）发展改革委、财政厅（局）根据当地情况按照本办法规定要求，组织编制参股基金组建方案或增资方案（具体详见附件2、附件3），联合报送国家发展改革委、财政部审核。

第二十五条 国家发展改革委、财政部组织专家对上报方案进行评审，对通过评审的方案，委托受托管理机构对拟参股基金开展尽职调查和入股谈判。

第二十六条 各省（自治区、直辖市、计划单列市）发展改革委、财政厅（局）根据评审意见，对参股基金方案进行修改完善，待各出资人签订相关协议后，联合向国家发展改革委、财政部上报正式方案，提出申请中央财政出资额度。

第二十七条 国家发展改革委、财政部参考受托管理机构尽职调查意见，正式确认参股基金方案并批复中央财政出资额度。财政部将中央财政出资资金拨付托管专户，由受托管理机构拨付参股基金账户。

第八章 中央财政出资资金的权益

第二十八条 中央财政对每支参股基金的出资，原则上不超过参股基金注册资本或承诺出资额的20%，且与地方政府资金同进同出。对投资于初创期项目资金比例超过参股基金注册资本或承诺出资额70%的参股基金，可适当放宽中央财政出资资金参股比例限制。

第二十九条 参股基金的存续期限原则上不超过10年，一般通过到期清算、社会股东回购、股权转让等方式实现退出。

第三十条 受托管理机构应与其他出资人在参股基金章程中约定，有下述情况之一的，中央财政出资资金可无需其他出资人同意，选择退出：

（一）参股基金方案确认后超过一年，参股基金未按规定程序和时间要求完成设立或增资手续的；

（二）中央财政出资资金拨付参股基金账户一年以上，参股基金未开展投资业务的；

（三）参股基金投资领域和阶段不符合政策目标的；

（四）参股基金未按参股基金章程约定投资的；

（五）参股基金管理机构发生实质性变化的。

第三十一条 受托管理机构应与其他出资人在参股基金章程中约定，中央财政出资资金以出资额为限对参股基金债务承担责任。除参股基金章程中约定外，不要求优于其他出资人的额外优惠条款。

第三十二条 受托管理机构应与其他出资人在参股基金章程中约定，当参股基金清算出现亏损时，首先由参股基金管理机构以其对参股基金的出资额承担亏损，剩余部分由中央财政、地方政府和其他出资人按出资比例承担。

第九章　监督管理

第三十三条　国家发展改革委、财政部负责对参股基金运行情况进行监督，视工作需要委托专业机构进行审计，定期对参股基金的政策目标、政策效果及投资运行情况进行绩效评估。

第三十四条　财政部、国家发展改革委负责对受托管理机构进行业绩考核和评估检查。受托管理机构应于每年3月底前，将以前年度参股基金运作及中央财政出资资金托管等情况向财政部、国家发展改革委报告。主要包括：

（一）参股基金投资运作情况；

（二）中央财政出资资金的退出、收益、亏损情况；

（三）受托管理机构的经营情况、会计师事务所出具的对受托管理机构最近一年的审计报告。

第三十五条　参股基金运行中的重大问题，受托管理机构应当及时向国家发展改革委、财政部报告，主要包括：

（一）违反国家政策规定及参股基金章程约定投资的；

（二）其他重大突发事件。

第三十六条　各省（自治区、直辖市、计划单列市）发展改革委、财政厅（局）应加强监管和协调，对出现的重大变化和问题，及时报告国家发展改革委和财政部。

第三十七条　本办法由财政部、国家发展改革委负责解释。

第三十八条　本办法自发布之日起施行。

附件2

发起设立创业投资基金的方案框架

一、创业投资基金组建方案

设立背景和目标、基金规模、组织形式、投资领域、发起人和基金管理机构、管理架构、项目遴选程序、投资决策机制、投资托管、风险防范、投资退出、管理费用和收益分配、经营期限等。

二、创业投资基金发起人协议

三、创业投资基金章程或合伙协议（草案）

四、创业投资基金委托管理协议（草案）及基金管理机构章程（合伙协议）

五、创业投资基金资金托管协议（草案）

六、项目储备情况及第一阶段投资计划

七、地方政府及社会资金出资承诺函，并明确资金到位时限

八、会计师事务所出具的对主要发起人最近一年的审计报告

附件3

对现有创业投资基金进行增资的方案框架

一、创业投资基金增资方案

基金设立背景和目标、基金规模、组织形式、投资领域、发起人和基金管理机构、管理架构、项目遴选程序、投资决策机制、投资托管、风险防范、投资退出、管理费用和收益分配、经营期限等；本次创业投资基金增资情况。

二、创业投资基金股东大会（股东会议、合伙人大会）决议

三、创业投资基金章程（合伙协议）及营业执照

四、创业投资基金委托管理协议及基金管理机构章程（合伙协议）

五、创业投资基金投资管理流程和尽职调查准则

六、创业投资基金资金托管协议

七、投资项目情况及未来一年的投资计划

八、地方政府出资承诺函，并明确资金到位时限

九、会计师事务所出具的对创业投资基金最近一年的审计报告

司法解释、司法解释性文件与解读

最高人民法院

关于适用《中华人民共和国企业破产法》若干问题的规定（一）

法释〔2011〕22号

（2011年8月29日最高人民法院审判委员会第1527次会议通过 2011年9月9日最高人民法院公告公布 自2011年9月26日起施行）

为正确适用《中华人民共和国企业破产法》，结合审判实践，就人民法院依法受理企业破产案件适用法律问题作出如下规定。

第一条 债务人不能清偿到期债务并且具有下列情形之一的，人民法院应当认定其具备破产原因：

（一）资产不足以清偿全部债务；

（二）明显缺乏清偿能力。

相关当事人以对债务人的债务负有连带责任的人未丧失清偿能力为由，主张债务人不具备破产原因的，人民法院应不予支持。

第二条 下列情形同时存在的，人民法院应当认定债务人不能清偿到期债务：

（一）债权债务关系依法成立；

（二）债务履行期限已经届满；

（三）债务人未完全清偿债务。

第三条 债务人的资产负债表，或者审计报告、资产评估报告等显示其全部资产不足以偿付全部负债的，人民法院应当认定债务人资产不足以清偿全部债务，但有相反证据足以证明债务人资产能够偿付全部负债的除外。

第四条 债务人账面资产虽大于负债，但存在下列情形之一的，人民法院应当认定其明显缺乏清偿能力：

（一）因资金严重不足或者财产不能变现等原因，无法清偿债务；

（二）法定代表人下落不明且无其他人员负责管理财产，无法清偿债务；

（三）经人民法院强制执行，无法清偿债务；

（四）长期亏损且经营扭亏困难，无法清偿债务；

（五）导致债务人丧失清偿能力的其他情形。

第五条 企业法人已解散但未清算或者未在合理期限内清算完毕，债权人申请债务人破产清算的，除债务人在法定异议期限内举证证明其未出现破产原因外，人民法院应当受理。

第六条 债权人申请债务人破产的，应当提交债务人不能清偿到期债务的有关证据。债务人对债权人的申请未在法定期限内向人民法院提出异议，或者异议不成立的，人民法院应当依法裁定受理破产申请。

受理破产申请后，人民法院应当责令债务人依法提交其财产状况说明、债务清册、债权清册、财务会计报告等有关材料，债务人拒不提交的，人民法院可以对债务人的直接责任人员采取罚款等强制措施。

第七条 人民法院收到破产申请时，应当向申请人出具收到申请及所附证据的书面凭证。

人民法院收到破产申请后应当及时对申请人的主体资格、债务人的主体资格和破产原因，以及有关材料和证据等进行审查，并依据企业破产法第十条的规定作出是否受理的裁定。

人民法院认为申请人应当补充、补正相关材料的，应当自收到破产申请之日起五日内告知申请人。当事人补充、补正相关材料的期间不计入企业破产法第十条规定的期限。

第八条 破产案件的诉讼费用，应根据企业破产法第四十三条的规定，从债务人财产中拨付。相关当事人以申请人未预先交纳诉讼费用为由，对破产申请提出异议的，人民法院不予支持。

第九条 申请人向人民法院提出破产申请，人民法院未接收其申请，或者未按本规定第七条执行的，申请人可以向上一级人民法院提出破产申请。

上一级人民法院接到破产申请后，应当责令下级法院依法审查并及时作出是否受理的裁定；下级法院仍不作出是否受理裁定的，上一级人民法院可以径行作出裁定。

上一级人民法院裁定受理破产申请的，可以同时指令下级人民法院审理该案件。

解读

《最高人民法院关于适用〈中华人民共和国企业破产法〉若干问题的规定（一）》

最高人民法院民二庭负责人

一、《关于适用〈中华人民共和国企业 破产法〉若干问题的规定（一）》出台的背景和目的

《中华人民共和国企业破产法》（以下简称《企业破产法》）自2007年6月1日施行以来，在完善优胜劣汰竞争机制、优化社会资源配置、调整社会产业结构、拯救危困企业、保障债权公平有序受偿等方面发挥了积极的作用。但在实践中，有的法院尚未充分认识到《企业破产法》在调整市场经济中的重要作用，加之现行体制、机制上的各方面原因，对于申请人提出的符合法律规定的受理破产案件条件的申请，以种种理由不予立案，影响了《企业破产法》的贯彻实施。作为衡量一个国家是否是市场经济重要标准之一的《企业破产法》，其作用的发挥必须通过人民法院受理和审理破产案件来实现。从我国目前情况看，全国法院每年受理破产案件数量，相比于每年工商管理部门吊销、注销的企业数量，相差甚远。一些企业未经法定程序依法退市，严重扰乱了市场经济秩序。为了尽快扭转这种不正常局面，充分发挥企业破产法的应有作用，我们首先从法院系统内部着力，推动破产案件的受理，制定了《关于适用〈中华人民共和国企业破产法〉若干问题的规定（一）》（以下简称《破产法司法解释（一）》。

二、《破产法司法解释（一）》对《企业破产法》关于企业破产原因的规定作出了进一步解释

我国企业破产法采取概括主义立法模式对破产原因作出了规定，但由于法律条文的表述以及我国立法所采标准的特殊性，实践中对破产原因的认定标准，存在不同理解和认识，因此有必要予以明确。根据《企业破产法》第二条第一款的规定，判断债务人是否存在破产原因有两个并列的标准，一是债务人不能清偿到期债务并且资产不足以清偿全部债务，二是债务人不能清偿到期债务并且明显缺乏清偿能力。我们在《破产法司法解释（一）》中通过几个条文分别对破产原因中“不能清偿到期债务”、“资产不足以清偿全部债务”，和

"明显缺乏清偿能力"几个关键概念作出了解释。要特别强调的是，由于民事主体具有独立的资格和地位，对每一个单独民事主体的清偿能力须分别审察，不同民事主体之间不存在清偿能力或破产原因认定上的连带关系，其他主体对债务人所负债务负有的连带责任是对债权人的责任，而不能视为债务人本人清偿能力的延伸或再生，因此，相关当事人以对债务人的债务负有连带责任的人未丧失清偿能力为由，主张债务人不具备破产原因的，人民法院应不予支持。

三、《企业破产法》第二条和第七条分别就债务人的破产原因和申请人提出债务人破产申请的条件作出了规定

两者存在一定的差别，破产原因是人民法院在判断破产申请是否应予受理时审查的内容，而提出债务人破产申请的条件是申请人向人民法院提出债务人破产申请时应当具备的要件。对于债务人自行提出破产申请的，债务人的破产原因和其提出破产申请的条件是一致的，但对债权人而言，则差别很大。根据《企业破产法》第七条第二款的规定，债务人不能清偿到期债务是债权人提出债务人破产申请的条件，债权人向人民法院提出申请时，只要证明债务人不能清偿其到期债务即可。至于债务人系基于什么原因不能清偿其到期债务，以及债务人是否出现了"不能清偿到期债务并且资产不足以清偿全部债务"，或者"不能清偿到期债务并且明显缺乏清偿能力"的破产原因，无需债权人提出债务人破产申请时举证证明，因此，只要债权人提出申请时证明债务人不能清偿其到期债务，且债务人未能依据《企业破产法》第十条第一款的规定，及时举证证明其既非资产不足以清偿全部债务，也没有明显缺乏清偿能力的，人民法院即可当然推定债务人出现了上述两个破产原因之一。因此，在债权人申请债务人破产清算的情形下，不能清偿到期债务既是债权人提出破产申请的条件，也是债务人存在破产原因的推定依据。

四、根据《企业破产法》第二条第一款和第七条第二款的规定，不能清偿到期债务是两个破产原因的共同前提

不能清偿到期债务是指债务人以明示或默示的形式表示其不能支付到期债务，其强调的是债务人不能清偿债务的外部客观行为，而不是债务人的财产客观状况。认定不能清偿到期债务应当同时具备三个方面的要件：第一，债权债务关系依法成立。如债务人不否认或者无正当理由否认债权债务关系，或者债务已经生效法律文书确定。这样规定的主要目的是为了防止债务人拖延破产程序启动。第二，债务人不能清偿的是已到偿还期限的债务。破产程序本质上属于概括执行程序，债务尚未到期的，债务人不负有立即履行的义务，故不应受执行程序的约束。第三，债务人未清偿债务的状态客观存在。不论债务人的客观经济状况如何，只要其没有完全清偿到期债务的，均构成不能清偿到期债务。将不能清偿到期债务作为破产原因中的主要依据，尤其是作为债权人申请债务人破产清算时破产原因的推定依据，易于为债权人发现和举证证明，能够使债权人尽早启动破产程序，从而保护债权人的合法权益。

五、资产不足以清偿全部债务是认定债务人是否具备破产原因的一个最常用的判断标准

资产不足以清偿全部债务是指债务人的实有资产不足以清偿全部债务，即通常所说的“资不抵债”或“债务超过”。资不抵债的着眼点是资债比例关系，考察债务人的偿还能力仅以实有财产为限，不考虑信用、能力等可能影响债务人清偿能力的因素，计算债务数额时，不考虑是否到期，均纳入债务总额之内。通常用来判断债务人是否资不抵债的标准为资产负债表，其反映了企业资产、负债、所有者权益的总体规模和结构，以此判断债务人的资产状况具有明确性和客观性。但是考虑到资产负债表反映的企业资产价值具有期限性和不确定性，在其由企业自行制定的情况下甚至可能存在严重的虚假情况，因此，本条同时规定审计报告或者资产评估报告等也可作为判断债务人资产总额是否资不抵债的依据。资产不足以清偿全部债务是对债务人客观偿债能力的判断，因此应当以债务人的真实财产数额为基础，如果当事人认为债务人的资产负债表，或者审计报告、资产评估报告等记载的资产状况与实际状况不符，应当允许当事人提交相应证据予以证明，推翻资产负债表、审计报告或者资产评估报告的结论。

六、《企业破产法》以债务人明显缺乏清偿能力不能清偿到期债务作为破产原因之一，立法目的在于适当扩大债务人破产原因的认定，但在具体司法实践中存在一定困难，《破产法司法解释（一）》特别对此作了规定

债务人不能清偿到期债务时通常都已资不抵债，但有的情况下，在债务人账面资产尚超过负债时，也可能因资产结构不合理，发生对到期债务缺乏现实支付能力，如现金严重不足、资产长期无法变现等而无法支付的情况。明显缺乏清偿能力的着眼点在于债务关系能否正常了结，与资不抵债的着眼点在于资债比例关系不同。《企业破产法》将“债务人不能清偿到期债务并且明显缺乏清偿能力”作为破产原因之一，目的在于涵盖“债务人不能清偿到期债务并且资产不足以清偿全部债务”之外的其他情形，以适度缓和破产程序适用标准，弱化破产原因中关于资不抵债的要求。由于《企业破产法》的规定过于抽象，导致实践中的认定困难，影响了该项标准的适用效果，故《破产法司法解释（一）》列举了明显缺乏清偿能力的几种主要情形，包括债务人因资金严重不足或财产不能变现等原因无法清偿债务、法定代表人下落不明且无其他人员负责管理财产无法清偿债务、经人民法院强制执行无法清偿债务，以及长期亏损且经营扭亏困难无法清偿债务等情形，从而减轻破产原因认定上的困难，推进破产程序的有效运行。

七、企业法人已解散但未清算或者未清算完毕，资产不足以清偿债务的，依法负有清算责任的人应当向人民法院申请破产清算

《企业破产法》采取破产申请主义，根据《企业破产法》第七条第三款规定，企业法人已解散但未清算或者未清算完毕，资产不足以清偿全部债务的，依法负有清算责任的人应当向人民法院申请破产清算。这里依法负有清算责任的人包括未清算完毕情形下已经成立的清算组，以及应清算未清算情形下依法负有启动清算程序的清算义务人。《企业破产法》此款规定的目的在于，规定依法负有清算责任的人有申请债务人破产清算的法定义务，以保障破产清算程序的及时启动。但规定此种情况下负有清算责任的人的法定义务并不意味着排除其他申请权人，尤其是债权人向人民法院申请债务人破产的权利。只要债权人申请破产条件成就，债权人就可以依据《企业破产法》第七条第二款的规定，提出对债务人的破产清算申请。因此，在债务人已解散但未清算或者未在合理期限内清算完毕，且未清偿债务的情形下，由于债务人对所有债权均负有清偿义务，故债权人以债务人未能清偿债务为由向人民法院提出破产清算申请的，人民法院应予受理。对于债权人的申请，债务人可以依据《企业破产法》第十条的规定提出异议，如果债务人能举证证明其未出现破产原因，人民法院应当对债权人的破产清算申请不予受理，并告知债权人通过启动强制清算程序获得清偿。

八、在申请债务人破产时，举证责任的分配

债权人申请债务人破产的原因是债务人不能清偿到期债务。对债权人而言，其在提出破产申请时，除需提交自身债权依法存在的证据以及破产申请外，还应当举证证明债务人存在未清偿到期债务的有关事实。由于《企业破产法》未以债务人资产不足以清偿全部债务或者明显缺乏清偿能力，作为债权人提出申请的原因或条件，因此未要求债权人申请时提交债务人的有关财务凭证等材料，事实上债权人也没有能力提交此类证据材料。人民法院应当严格按照《企业破产法》规定的上述条件，审查债权人提出的破产申请，而不应对债权人的证明责任提出不切实际的要求，变相提高债权人提出破产申请的门槛。根据《企业破产法》第十一条第二款的规定，人民法院裁定受理债权人提出的破产申请后，债务人应当在法定期限内向人民法院提交相关财务凭证等材料。这表明：其一，债权人提出破产申请的，提交有关财务凭证材料的义务人为债务人，人民法院不应将此举证义务分配给债权人；其二，即便债务人不提交上述材料，只要债权人对债务人提出的破产申请符合《企业破产法》规定的上述条件，人民法院也应予以受理，不应以此为由裁定不予受理或者驳回破产申请；其三，人民法院裁定受理破产申请后，债务人不提交有关财务凭证等材料的，人民法院可以对债务人的直接责任人员依法采取罚款等强制措施。

九、《破产法司法解释（一）》特别规定，人民法院收到破产申请时应当向申请人出具收到申请及所附证据的书面凭证，并依法及时作出是否受理的裁定

《企业破产法》规定的法定审查期限自人民法院收到申请之日起算，考虑到实践中有的法院消极对待当事人的破产申请，不接收申请人的申请材料，或在接收申请人的申请材料后不出具收到申请及所附证据的书面凭证，导致审查期间迟迟无法开始计算，损害了当事人的合法权益。为确保人民法院依法对破产申请进行审查，方便申请人督促人民法院依法接收申请人的申请材料并在法定期限内作出是否受理破产申请的裁定，《破产法司法解释（一）》规定，人民法院收到申请人的申请后，负有及时向申请人出具收到申请及所附证据的书面凭证的义务，以此作为判断人民法院受理行为合法性的依据，并以此日期开始计算相关受理破产申请的法定期限。

十、人民法院收到申请人提出的破产申请后，进行审查时应注意的问题

实践中，法院在审查当事人提出的破产申请是否符合法律规定时，掌握的执法尺度不尽相同，为规范和统一人民法院对破产申请的审查行为，《破产法司法解释（一）》对人民法院收到破产申请后的审查内容予以明确规定。根据《企业破产法》第二条、第七条和第八条的规定，人民法院对于破产申请应从实质要件和形式要件两个方面进行审查。实质要件的审查是对申请是否符合破产程序开始条件的判断，主要包括申请人主体资格、债务人主体资格以及债务人是否具有破产原因三项内容。形式要件的审查是对申请人依法所应提交的书面材料进行的审查。考虑到人民法院在审查中可能会要求申请人对申请材料进行必要的补充、补正，《破产法司法解释（一）》规定，此种情况下，人民法院应当及时告知申请人所需补充或补正的事项，以避免以此为由拖延实际审查时间，损害当事人合法权益。由于人民法院对破产申请的审查须以当事人提供的材料为基础和依据，因此当事人补充、补正材料的时间不计入法定的审查期间。

十一、《企业破产法》和《诉讼费用交纳办法》已经对破产案件诉讼费用的收取问题作出了相关规定，《破产法司法解释（一）》对此作了进一步规定

关于企业破产案件诉讼费用的交纳问题，《企业破产法》第四十一条、第四十三条和第一百一十三条，以及《诉讼费用交纳办法》第十条、第十四条、第二十条和第四十二条等明确规定，破产案件诉讼费用作为破产费用，应在案件受理后根据破产财产情况确定数额，并从债务人财产中随时拨付，申请人不负有预交破产案件诉讼费用的义务。但在目前司法实践中，有的法院要求申请人预交破产案件诉讼费用，并在申请人未预先交纳案件诉讼费用时，以此为由裁定不予受理破产申请或者驳回破产申请，这种做法明显不符合法律规定，因此，我们在《破产法司法解释（一）》中进一步重申，申请人依法向人民法院申请破产的诉讼费用，从债务人财产中拨付，相关当事人以申请人未预先交纳诉讼费用为由，对破产申请提出异议的，人民法院应不予支持。

十二、《破产法司法解释（一）》特别规定了人民法院收到破产申请后未依法裁定是否受理时其上级人民法院的审判监督职责

目的是加强上级法院对下级法院的监督，督促下级法院对于当事人提出的破产申请依法作出是否受理的裁定。根据《企业破产法》的规定，申请人提出破产申请后，人民法院应当及时审查并依法作出裁定。对于人民法院作出的不予受理裁定，申请人可依据《企业破产法》第十二条的规定，向上一级法院提起上诉，以充分保证当事人的诉讼权利。但在司法实践中，有的法院对当事人的申请不予审查，或者审查后既不及时作出受理裁定，亦不作出不予受理裁定，使《企业破产法》规定的申请人对于不予受理裁定的上诉权形同虚设，损害了申请人的权利。因此，为加强审判监督，《破产法司法解释（一）》特别规定在人民法院未接收申请人提出的破产申请、未向申请人出具收到申请及所附证据的书面凭证，或者未在法定期限内作出是否受理的裁定等情形下，申请人可直接向上一级人民法院提出破产申请。上一级人民法院收到破产申请后，应当责令下级法院依法审查并及时作出是否受理的裁定；下级法院仍不作出裁定的，上一级人民法院可以径行作出裁定。上一级人民法院裁定受理的，可同时指令下级人民法院审理该案件。

最高人民法院

关于审判人员在诉讼活动中执行回避制度若干问题的规定

法释〔2011〕12号

（2011年4月11日最高人民法院审判委员会第1517次会议通过
2011年6月10日最高人民法院公告公布　自2011年6月13日起施行）

为进一步规范审判人员的诉讼回避行为，维护司法公正，根据《中华人民共和国人民法院组织法》、《中华人民共和国法官法》、《中华人民共和国民事诉讼法》、《中华人民共和国刑事诉讼法》、《中华人民共和国行政诉讼法》等法律规定，结合人民法院审判工作实际，制定本规定。

第一条　审判人员具有下列情形之一的，应当自行回避，当事人及其法定代理人有权以口头或者书面形式申请其回避：

（一）是本案的当事人或者与当事人有近亲属关系的；

（二）本人或者其近亲属与本案有利害关系的；

（三）担任过本案的证人、翻译人员、鉴定人、勘验人、诉讼代理人、辩护人的；

（四）与本案的诉讼代理人、辩护人有夫妻、父母、子女或者兄弟姐妹关系的；

（五）与本案当事人之间存在其他利害关系，可能影响案件公正审理的。

本规定所称近亲属，包括与审判人员有夫妻、直系血亲、三代以内旁系血亲及近姻亲关系的亲属。

第二条　当事人及其法定代理人发现审判人员违反规定，具有下列情形之一的，有权申请其回避：

（一）私下会见本案一方当事人及其诉讼代理人、辩护人的；

（二）为本案当事人推荐、介绍诉讼代理人、辩护人，或者为律师、其他人员介绍办理该案件的；

（三）索取、接受本案当事人及其受托人的财物、其他利益，或者要求当事人及其受托人报销费用的；

（四）接受本案当事人及其受托人的宴请，或者参加由其支付费用的各项活动的；

（五）向本案当事人及其受托人借款，借用交通工具、通讯工具或者其他物品，或者索取、接受当事人及其受托人在购买商品、装修住房以及其他方面给予的好处的；

（六）有其他不正当行为，可能影响案件公正审理的。

第三条　凡在一个审判程序中参与过本案审判工作的审判人员，不得再参与该案其他程序的审判。但是，经过第二审程序发回重审的案件，在一审法院作出裁判后又进入第二审程序的，原第二审程序中合议庭组成人员不受本条规定的限制。

第四条　审判人员应当回避，本人没有自行回避，当事人及其法定代理人也没有申请其回避的，院长或者审判委员会应当决定其回避。

第五条　人民法院应当依法告知当事人及其法定代理人有申请回避的权利，以及合议庭组成人员、书记员的姓名、职务等相关信息。

第六条　人民法院依法调解案件，应当告知当事人及其法定代理人有申请回避的权利，以及主持调解工作的审判人员及其他参与调解工作的人员的姓名、职务等相关信息。

第七条　第二审人民法院认为第一审人民法院的审理有违反本规定第一条至第三条规定的，应当裁定撤销原判，发回原审人民法院重新审判。

第八条　审判人员及法院其他工作人员从人民法院离任后二年内，不得以律师身份担任诉讼代理人或者辩护人。

审判人员及法院其他工作人员从人民法院离任后，不得担任原任职法院所审理案件的诉讼代理人或者辩护人，但是作为当事人的监护人或者近亲属代理诉讼或者进行辩护的除外。

本条所规定的离任，包括退休、调离、解聘、辞职、辞退、开除等离开法院工作岗位的情形。

本条所规定的原任职法院，包括审判人员及法院其他工作人员曾任职的所有法院。

第九条　审判人员及法院其他工作人员的配偶、子女或者父母不得担任其所任职法院审理案件的诉讼代理人或者辩护人。

第十条　人民法院发现诉讼代理人或者辩护人违反本规定第八条、第九条的规定的，应当责令其停止相关诉讼代理或者辩护行为。

第十一条 当事人及其法定代理人、诉讼代理人、辩护人认为审判人员有违反本规定行为的，可以向法院纪检、监察部门或者其他有关部门举报。受理举报的人民法院应当及时处理，并将相关意见反馈给举报人。

第十二条 对明知具有本规定第一条至第三条规定情形不依法自行回避的审判人员，依照《人民法院工作人员处分条例》的规定予以处分。

对明知诉讼代理人、辩护人具有本规定第八条、第九条规定情形之一，未责令其停止相关诉讼代理或者辩护行为的审判人员，依照《人民法院工作人员处分条例》的规定予以处分。

第十三条 本规定所称审判人员，包括各级人民法院院长、副院长、审判委员会委员、庭长、副庭长、审判员和助理审判员。

本规定所称法院其他工作人员，是指审判人员以外的在编工作人员。

第十四条 人民陪审员、书记员和执行员适用审判人员回避的有关规定，但不属于本规定第十三条所规定人员的，不适用本规定第八条、第九条的规定。

第十五条 自本规定施行之日起，《最高人民法院关于审判人员严格执行回避制度的若干规定》（法发〔2000〕5号）即行废止；本规定施行前本院发布的司法解释与本规定不一致的，以本规定为准。

解读

《最高人民法院关于审判人员在诉讼活动中执行回避制度若干问题的规定》

罗东川* 吴兆祥** 石 磊***

为维护司法公正，进一步规范诉讼活动中审判人员的回避行为，最高人民法院依据有关法律规定，并结合人民法院审判工作实际，制定出台了《最高人民法院关于审判人员在诉讼活动中执行回避制度若干问题的规定》［法释〔2011〕12号，以下简称《规定》］。该规定于2011年4月11日由最高人民法院审判委员会第1517次会议通过，

* 最高人民法院研究室副主任、中国应用法学研究所所长。

** 最高人民法院研究室民事处处长。

*** 最高人民法院研究室民事处干部。

自2011年6月13日起施行。《规定》共15条，对诉讼活动中审判人员自行回避或申请回避的情形、职权回避、当事人及其法定代理人申请回避权利的告知、调解案件的回避问题、审判人员及法院其他工作人员从人民法院离任后担任诉讼代理人或辩护人的限制、对审判人员违反回避规定行为的监督及处分等内容进行了详细的规定。为更好地理解和适用《规定》，现就其制定背景和主要内容说明如下。

一、制定《规定》的背景和过程

审判人员在诉讼活动中严格执行回避规定是现代诉讼制度的基本要求之一，对保障司法公正与程序正义具有重要作用。但目前我国法律上没有统一的诉讼回避规定，关于诉讼回避的规定散见于《民事诉讼法》、《刑事诉讼法》和《行政诉讼法》三大诉讼法的有关规定中，人民法院组织法、法官法也有一些规定。由于各种原因，有关审判人员诉讼回避的规定差异很大。

2000年，最高人民法院制订了《关于审判人员严格执行回避制度的若干规定》（法发〔2000〕5号，以下简称《回避若干规定》），对审判人员在诉讼活动中执行回避制度作出了统一规定，取得了良好效果。随着近年来审判工作的发展和变化，出现了一些新的情况和问题，《回避若干规定》难以完全满足司法实践的需要。《回避若干规定》在性质上属于规范性司法文件，效力层级比司法解释低。将审判人员在诉讼活动中执行回避制度的相关规定升格为司法解释，有利于提高其法律效力，促进审判人员严格执行回避制度，确保司法廉洁，维护司法公正。审判人员在诉讼活动中执行回避制度的情况和问题也引起了相关部门和社会各界的关注，部分全国人大代表、政协委员和有关部门提出了修订《回避若干规定》的意见和建议。为进一步规范审判人员在诉讼活动中执行回避制度的行为，确保司法廉洁，提高司法公信力，并回应社会各界的关切，最高人民法院审判委员会决定将制定相关司法解释列入2010年最高人民法院司法解释立项计划，由研究室承办。

2010年4月，研究室作为起草部门与有关单位进行了沟通，初步明确了完善审判人员诉讼回避制度要解决的重要问题。同年5月，研究室向上海高院、重庆高院、四川高院、北京二中院等部分地方法院收集了相关审判人员执行回避制度的规范性文件和调研资料。9月，在调研、消化吸收相关资料的基础上，经过反复修改，形成了《关于审判人员执行回避制度若干问题的规定（征求意见稿）》（以下简称《征求意见稿》）。10月，就《征求意见稿》征求了院内19个部门的意见。11月，根据最高人民法院各部门修改意见作了认真修改后，发北京、上海、山东、江苏、广东、湖北等部分高院征求意见。11月

15日至17日，在湖北仙桃召开全国部分法院座谈会，对《征求意见稿》进行了进一步座谈论证。经过再次修改后，送全国人大常委会法工委、司法部和部分专家学者征求意见，同时再次送最高人民法院政治部和纪检组、监察室征求意见。根据反馈意见，经反复修改，形成了送审稿，于2011年4月11日由最高人民法院审判委员会第1517次会议通过。根据审判委员会讨论意见，本司法解释定名为《最高人民法院关于审判人员在诉讼活动中执行回避制度若干问题的规定》。

二、《规定》的主要内容

本司法解释是在2000年最高人民法院下发的《回避若干规定》文件的基础上制定的，对《回避若干规定》中经过实践检验比较成熟、符合实际情况的规定尽量予以保留，需要修改的根据新的情况和变化作了适当修改。本解释的新规定主要集中于职权回避有关规定、调解案件的回避规定、诉讼代理人及辩护人违反从业回避规定的处理、审判人员违反回避规定的监督与处分，以及近亲属、离任、原任职法院概念的界定等内容。具体内容如下：

（一）关于诉讼活动中审判人员自行回避或申请回避的情形

本解释分两条对上述情形作出了规定。其中第一条主要是审判人员与案件当事人有近亲属关系或者与案件有利害关系等情形的回避；第二条主要是审判人员违反有关规定，有不正当行为应当回避的情形。上述两种回避情形中，有两个问题需要着重说明：

1. 关于第一条第（五）项中的“与当事人之间存在其他利害关系”如何理解与适用的问题

三大诉讼法均规定审判人员与案件当事人之间存在其他利害关系，可能影响对案件公正审理的，应当回避。但对于“其他利害关系”的内涵和外延，理论上和实践中争议较大。《征求意见稿》曾经根据审判实践和理论观点，对“其他利害关系”作了界定，是指“与本案当事人或者诉讼代理人、辩护人有师生、同学、同事、战友、邻居等亲密关系，或者有仇恨、敌对关系的”。但在征求意见过程中，大多数意见反映“师生、同学、同事、战友、邻居等亲密关系”以及“有仇恨、敌对关系”等诸多概念仍然比较模糊，其内涵和外延本身无法明确界定，难免挂一漏万，或者导致利害关系认定扩大化的问题。考虑到实践中的复杂情况，对“其他利害关系”的认定应当根据具体情况分析。因此，本解释未对“其他利害关系”作出更为细致的规定。

2. 关于第一条第二款规定的“近亲属”问题

关于“近亲属”的范围，三大诉讼法及相关法律规定并不一致。《刑事诉讼法》第八十二条第（六）项规定“近亲属”是指夫、妻、父、母、子、女、同胞兄弟姊妹。《最高人民法院关于执行〈中华人民共和国行政诉讼法〉若干问题的解释》（以下简称《行政诉讼法解释》）第十一条第一款规定的“近亲属”，包括配偶、父母、子女、兄弟姐妹、祖父母、外祖父母、孙子女、外孙子女和其他具有扶养、赡养关系的亲属。《最高人民法院关于贯彻执行〈中华人民共和国民法通则〉若干问题的意见（试行）》（以下简称《民法通则意见》）第12条规定，《民法通则》中规定的近亲属，包括配偶、父母、子女、兄弟姐妹、祖父母、外祖父母、孙子女、外孙子女。比较而言，《刑事诉讼法》规定的近亲属范围较窄，而《行政诉讼法解释》列入了“其他具有扶养、赡养关系的亲属”，比较宽泛。回避情形中近亲属范围，应当确定在一个合理的范围，并遵循可能影响对案件公正审理的一般原则。相对而言，《民法通则意见》规定的“近亲属”范围比较适中，适用于回避制度较为妥当。

（二）关于职权回避的情形

本解释第四条增加了职权回避的规定。所谓职权回避，是指法院受理案件后，发现审判人员具有应当回避情形的，当事人没有申请回避，审判人员也没有自行回避，法院依职权决定审判人员回避的制度。我国法律只规定了审判人员自行回避和当事人申请回避两种情形，未规定职权回避。《最高人民法院关于执行〈中华人民共和国刑事诉讼法〉若干问题的解释》（以下简称《刑事诉讼法解释》）第二十六条首次规定了职权回避制度，该条规定：“应当回避的人员，本人没有自行回避，当事人和他们的法定代理人也没有申请其回避的，院长或者审判委员会应当决定其回避。”根据当前执行回避制度的现状，增加职权回避制度，作为审判人员自行回避和当事人申请回避的补充，由法院加强对审判人员是否自行回避的监督，以确保司法公正，提高司法公信，十分必要。因此，本解释参考《刑事诉讼法解释》的规定，在第四条对职权回避作出了明确规定。

（三）关于调解案件的回避规定

本解释第六条对人民法院调解案件如何执行回避制度作了规定：“人民法院依法调解案件，应当告知当事人及其法定代理人有申请回避的权利，以及主持调解工作的审判人员及其他参与调解工作的人员的姓名、职务等相关信息。”这是新增加的内容。人民法院调解案件也应当执行回避制度的理由：第一，司法调解是重要的诉讼制度，是人民法院行使审判权的重要方式。人民法院调解案件，也将对当事人的权利义务产生直接的、重要的影响，因此必须依法进行，依法保障当事人申请回避的权利。第二，司法实践中，少数审判人员利用诉讼调解，办理“人情案、金钱案、关系案”的情况也时有发生，如果诉讼调解中不严格执行回避制度，等于为违法行为打开了一个缺口，因此在诉讼调解活动中引入回避制度十分必要。第三，有利于提高调解的质量。将回避制度引入诉讼调解活动中，对于提高人民法院调解案件的质量，确保调解的合法性，维护司法公正的形象，具有十分重要的作用和意义。

（四）关于审判人员的离任回避

本解释第八条是关于审判人员离任回避的规定。本条有三个问题需要说明：

1. 关于审判人员在原任职法院离任回避问题

这个问题在实践中争议较大，焦点问题为审判人员离任后在原任职法院担任诉讼代理人或者辩护人是否仅受"二年"限制。有两种观点：第一种观点认为，根据《法官法》第十一条第二款的规定，法官从人民法院离任后，不得担任原任职法院办理案件的诉讼代理人或者辩护人。也就是说，审判人员从人民法院离任后，无论时间多久，都不得担任原任职法院审理案件的诉讼代理人或者辩护人。第二种观点认为，依据《律师法》第四十一条的规定，曾经担任法官、检察官的律师，从人民法院、人民检察院离任后二年内，不得担任诉讼代理人或者辩护人。但法官从人民法院离任二年后，是否可以担任原任职法院审理案件的诉讼代理人或者辩护人律师法没有作出限制。也就是说，审判人员从人民法院离任二年后，是可以担任原任职法院审理案件的诉讼代理人或者辩护人的。

我们认为，在2001年修订的《法官法》与2007年修订的《律师法》之间不存在冲突的情形下，《法官法》有关规定应当继续适用，也就是说《法官法》第十七条第二款的规定仍有法律拘束力。因此，审判人员从人民法院离任后，无论是否超过"二年"，都不得担任原任职法院审理案件的诉讼代理人或者辩护人。近年来，审判人员从人民法院离任后转行从事律师业务的逐年增多。由于这些转任律师的法官曾长期在法院工作，有的还任过法院的领导，如果他们在其原任职的法院从事诉讼代理、辩护业务，容易引起对人民法院审判公正性的质疑。因此，本解释第八条第二款依据《法官法》第十七条第二款，规定审判人员及法院其他工作人员从人民法院离任后，不得担任原任职法院审理案件的诉讼代理人或者辩护人，没有"二年"的时间限制。另外，从维护当事人诉讼权利和尊重实际情况的角度出发，本款作了但书规定，即作为当事人的监护人或者近亲属代理诉讼或者进行辩护的不受本款规定的限制。

2. 关于"原任职法院"的范围如何理解

本解释第八条第四款对"原任职法院"的范围进行了界定："本条所规定的原任职法院，包括审判人员及法院其他工作人员曾任职的所有法院。”对“原任职法院”的范围进行上述界定的理由：第一，本解释第八条第二款规定审判人员及法院其他工作人员从人民法院离任后，不得担任原任职法院所审理案件的诉讼代理人或者辩护人，对“原任职法院”进行界定，可以为人民法院纪检、监察部门掌握政策法律界限提供明确的依据。第二，明确“原任职法院”不仅包括离任审判人员最后一次任职的法院，还包括其以前曾任职的所有法院，有利于正确执行诉讼回避制度，消除诉讼当事人对司法公正的疑虑，提高司法公信力。第三，对“原任职法院”范围的界定参考了上海高院发布的《关于人民法院离任人员担任诉讼代理人和辩护人有关问题的解答》第三条的规定。该条规定：“‘原任职法院’不能仅理解为离任时所在的法院，而应理解为所有曾经任过职的法院。”对“原任职法院”范围作出上述界定，符合司法实践的实际情况，有利于回避制度的理解和执行。

3. 关于“离任”的概念

本解释第八条第三款规定：“本条所规定的离任，包括退休、调离、解聘、辞职、辞退、开除等离开法院工作岗位的情形。”该款规定来源于《最高人民法院关于适用〈关于审判人员严格执行回避制度的若干规定〉第四条有关问题的答复》［2000年6月20日公布，法〔2000〕95号］第一条的规定，该条规定：“离任，包括离休、退休、调动、辞职、辞退、开除等情形”。实践中，审判人员离任的情形比较多，本款对“离任”概念的界定基本上涵盖了审判人员离任的各种情形。

（五）关于审判人员近亲属从业回避的规定

本解释第九条是关于审判人员特定范围内近亲属从业回避的规定。《法官法》第十七条第三款规定：“法官的配偶、子女不得担任该法官所任职法院办理案件的诉讼代理人或者辩护人。”对法官特定范围内近亲属的从业回避问题作了规定。但《法官法》规定的范围相对比较窄，没有列举父母。在亲属关系上，审判人员的父母与子女是属于同一层次的，在继承法中配偶、子女、父母都作为第一顺序继承人。实践中，父母从事律师职业，子女在法院任职的情形比较多，社会上对此争议也比较大。因此，本解释第九条保留了原先《回避若干规定》第五条的规定，将审判人员的父母也纳入审判人员近亲属从业回避的范围。

（六）关于诉讼代理人及辩护人违反从业回避规定的处理

本解释第十条增加了诉讼代理人及辩护人违反从业回避规定如何处理的规定，即“人民法院发现诉讼代理人或者辩护人违反本规定第八条、第九条的规定的，应当责令其停止相关诉讼代理或者辩护行为。”对于诉讼代理人及辩护人违反从业回避规定如何处理，现行法律及司法解释缺乏程序性的规定。本规定第八条、第九条对离任审判人员以及现任审判人员的近亲属从事诉讼代理、辩护活动，如何执行回避制度提出了具体要求，落实这些要求需要具体的程序措施，否则从业回避制度形同虚设。因此，本条规定人民法院发现诉讼代理人、辩护人违反从业回避规定的，应当责令其停止相关诉讼代理或者辩护行为。

（七）关于适用本解释第八条、第九条的人员范围

本解释第八条、第九条对离任审判人员以及现任审判人员的近亲属从业回避作出了规定。本解释第十四条规定：“人民陪审员、书记员和执行员适用审判人员回避的有关规定，但不属于本规定第十三条所规定人员的，不适用本规定第八条、第九条的规定。”所谓“不属于本规定第十三条所规定的人员”，主要是指法院中不在编的书记员和执行员。不在编的书记员和执行员适用审判人员回避的有关规定，但不适用本规定第八条、第九条的从业回避规定，其理由主要为：第一，根据相关诉讼法的规定，在案件办理过程中，书记员和执行员应当适用审判人员回避的有关规定。第二，根据我国现实国情和保障就业原则，对于不占行政编制的书记员和执行员不应加以过多限制，不宜适用本规定第八条、第九条主要是针对审判人员及法院其他工作人员作出的从业回避规定。

三、本解释与任职回避相关规定的关系

2011年2月10日，最高人民法院下发了《最高人民法院关于对配偶子女从事律师职业的法院领导干部和审判执行岗位法官实行任职回避的规定（试行）》［法发〔2011〕5号，以下简称《任职回避规定》］。《任职回避规定》主要是规范法院领导干部和审判执行岗位的法官，如果其配偶、子女从事律师职业，必须辞去现任职务或者退出审判、执行岗位。即《任职回避规定》主要是法院内部从人事制度和岗位管理的角度对审判人员作出的任职回避规定。而本解释适用于案件诉讼领域，即在案件审理过程中，如果发现审判人员的配偶、子女、父母在其所任职法院代理诉讼或者进行辩护，人民法院应当责令他们停止相关代理诉讼或者进行辩护的行为。两个规定所规范的范围和对象不同，一个指向法院内部人事管理，一个指向诉讼活动，二者不存在矛盾和冲突。两个规定从不同层面共同对相关法院工作人员的回避制度作出规定，确保实现司法廉洁和公正。

司法工作热点问题研究

论商号权的法律保护

贾成宇　韩凤丽*

一、商号权概述

（一）商号权的概念

对于“商号”的概念，我国规定的较为混乱，有学者称“商号是商事主体在经营、服务活动中用于区别其他商事主体的特定名称，是商事主体人格化、特定化的表现形式，具有重要的识别价值。”有学者称“商号是商品生产者或经营者为了表明不同于其他人的特征而在营业中使用的专属名称，即商事主体在商事交易中为法律行为时，用以署名，或让其代理人使用，与他人进行商事交往的名称。”有学者称“商号是商人的姓名，商人以自己的商号从事法律行为，并以商号起诉和应诉。”

由此可见，无论是我国还是国外，商号的基本含义是一样的，是商事主体在商事交易中使用的具有明显识别价值的专有名称。

商号权，又称商事名称权，是指商人对其商号所拥有的权利，包括商号使用权以及商号专用权。

1. 商号权主体，是依法取得商事主体资格的独立的商品生产者或经营者，且具有单一性。这就是说，不从事商品生产经营活动的机关、团体、个人不能成为商号权的主体；而虽从事商品生产经营活动，但未取得独立的商事主体的资格者，如公司的分支机构，也不能成为商号权主体。商号主体的单一性是指同一商号在核准范围内只能为一个商品生产经营者所拥

* 河南省永城市人民法院法官。

有，而不存在多个商事主体共有一个商号权的情况。一个总公司的商号可为其数个子公司共同使用，但只有总公司才有权转让该商号，总公司是该商号的唯一的所有者。

2. 商号权的客体，是依法核准注册的商号。由于多数国家都以商号的登记作为商号获得法律保护的必要条件，因此一般来说，只有基于经过登记的商号才能享有商号权。《德国商法典》第29条规定："任何一名商人均有义务将其商号和营业所所在的地点向营业所所在辖区的法院申报商事登记"。我国的法规也规定，商号或企业名称必须经过登记才能获得专有权。但是，世界上有些国家规定依法注册并不是取得商号权的必要条件。如日本，其法律将商号权分为商号专用权和商号使用权两种类型，商号使用权是指未经核准登记的商号，这样的商号不能成为商号专用权的客体，其使用人无权对抗他人使用相同或相似的商号。

3. 商号权的内容，具有人身权和财产权双重属性。商号权与商事主体不可分离，商号是商事主体法律人格的化身，商号权相对商标权、专利权等更具人格性。同时，商号具有无形财产属性，信誉良好的商号可以给商号所有人带来一定的经济利益，商号权具有财产权属性。

（二）商号权的法律性质

商号权就是商事主体对其注册商号所享有的专用权，是一种名称权。不过，商号权与民法一般名称不同的是，商号是商生产经营者出于营利目的而创设使用的一种有别于一般民事名称的特殊名称，而作为商人的资信状况、营业风格、特色的象征，商号的使用可以为其所有者带来经济利益。

我国的《民法通则》把名称权归为"人身权"，是不确切的。如果是人身权，则必然具有人身权的一般属性：一是专属性，即它与主体人身不可分离，也不得由权利人抛弃；二是非财产性，即它本身不具有直接的财产内容。而商号权具有明显不同的特征：一是商号权具有可转让性，不符合人格权与自然人的人身不可分离、不得由权利人抛弃的特点；二是商号权具有直接财产内容，商号作为企业经营能力、资信状况等的象征，是企业无形资产的重要组成部分，不符合人格权本身不具有直接的财产内容的特点。

商号权是企业的一种无形资产，具有知识产权的一些共同特征，如地域性、专有性等，商号权主体在商号注册地域范围内可以对抗其他企业使用相同或近似的商号，除特定权利主体之外的任何人都不得非法干预和妨碍商号权人行使商号权，也不允许他人侵犯其商号权。

因此，笔者认为商号权应当是一种知识产权，而不是一种人身权。从国外的立法和实践来看，他们把专利、商标、商号和商誉所享有的独立权利，称为工业产权。《保护工业产权巴黎公司》也把商号权与商标权、专利权等并列规定，同属工业产权。

但商号权还有不同于其他知识产权的特殊性，主要有以下几方面：

1. 商号权没有时间性。商号权与企业共存亡，而企业的存续在各国立法及实践中多无时间限制，所以商号权依附于企业无限期地受法律保护。而其他的知识产权具有严格的时间性。

2. 商号权具有更加严格的地域性。各国法律普遍规定，商号登记的效力受一定区域范围的限制。在我国，除全国驰名的大企业，其商号可以在全国范围内享有专有权外，其他商号只在登记地区范围内有效。而其他知识产权的地域范围则以国家或者法域为限。

（三）商号与几个相近概念的区别

1. 商号与商标的区别

商号与商标有密切的联系，符合商标法规定条件的商号也可以作为商标注册，例如：中国的“海尔”，美国的“可口可乐”，日本的“索尼”等。

但是商号与商标的不同之处有很多，主要表现在：一是，商号是区别和辨认不同商事主体的标志而商标是区别和辨认不同商事主体所生产的商品或所提供的服务的标志，因此，一个商事主体只能拥有一个商号，但却可以拥有许多表示不同商品或服务的商标。如“上海联合利华联合有限公司”只有“联合利华”一个商号，却拥有“力士”、“飘柔”、“中华”等许多商标。二是，商号是每个商事主体都具有的标志，而商标或注册商标并不是每个商事主体都拥有。本案中广州南海渔村就享有注册商标，即“南海渔村 SOUTH SEA FISHING VILLAGE”中文和英文组合及两条鱼形及波纹组合的图形。而中山南海渔村也有其自己的商标，但并未注册。该商标为圆形，分为内外两个同心圆，中间圆形内有波纹和鱼翅图案，底色为蓝色。外圈上下分别标有拼音“ZHONGSHAN”和“南海渔村大酒楼”字样，底色为红色，两侧为对称的黄色枝叶图案。三是，商号权的拥有无时间限制，与商事主体的存亡共存亡，没有时间限制，而注册商标是有期限的，如果在规定期限中不进行续展，注册商标的持有人就不再拥有此商标的所有权。

根据我国目前的法律规定，商标和商号还有几项不同，一是，商事主体只在注册登记机关辖区内对商号行使专用权，而注册商标在全国范围内受法律保护。二是，在我国，商标权有专门的商标法保护；而商号权仅比照《民法通则》关于企业名称权的保护方法保护。

当有些企业将自己的商号注册成商标使用，或者将已注册的商标变更登记为企业的商号，商标和商号就成为同一内容或是其中的一个组成部分。这都是《商标法》、《公司法》及《企业登记管理条例》所允许的。本案中中山南海渔村就是一个很好的例子，只不过其商标在其商号的基础上又加上了两条鱼形及波纹组合的图形而已。但是在有些的情况下，由于很多商号不具有显著特征，所以不宜也不能注册成商标。

2. 商号与企业名称关系

关于商号与企业名称，在现有的论著及立法实践中都存在着概念混淆的情况。事实上，它们有着不同的内涵。商号是企业以及其他商业主体为表明不同于他人的特征而使用的名称。企业名称是表明企业的注册地或营业地、商号、行业、组织形式等特点的全称。按照国家工商管理局1991年发布的《企业名称管理规定》第七条第一款，企业名称应当由以下部分依法组成：字号（或者商号）、行业或者经营特点、组织形式。如“广州南海渔村有限公司”是一公司的名称。其中“南海渔村”是该公司的商号，“广州”属地理名称，“有限公司”是其组织形式而在“南海渔村”的商号中又很容易看出行业即“鱼村”。在所有的组成部分中，该公司只对其商号“南海渔村”享有专有权，而不可能对地理名称“广州”、行业公有名称或组织形式享有专有权。

商号与企业名称也有密切的关系。主要表现在：一是商号需要借助于企业名称形式实现其对商事主体的标志作用。二是商号是企业名称不可或缺的组成部分。商号与企业名称之间的区别主要有以下几点：其一，标志范围不同。商号是对商事主体独具特征的反映，能够表现同行业不同商品生产经营者之间的根本区别。企业名称则是对商事主体注册地或经营地、商号、行业、财产责任形式、组织形式等特征的全面描述，能够反映不同商品生产经营者之间存在的诸多差别。因此，任何商事主体的商号在其注册地域内的同行业间不会发生重复或近似，而其企业名称由于借助于更多的标志项目，在全国范围内都不会重复或近似。其二，实现方式不同。商号一经注册就应保持其稳定性，与其所标志的商事主体共存亡，否则蕴含于商号中的价值则会消失。因此，无论商事主体的组织形式、营业范围有多少变化，其商号都可保持不变。相反，企业名称的诸多成分必须随时反映商事主体的相关真实情况，在发生变化时要依照一定的程序进行变更登记。

二、我国商号权冲突的现状

从实践中来看，由于我国商号法律体系的不完善，通过保护企业名称权来保护商号权，而使商号权只在"同区域、同行业、同名"受到一定范围的保护，导致了商号、企业名称争议问题日益突出，总结主要有以下几类：

（一）国内企业商号之间的冲突

由于我国的企业名称登记注册是采用分级注册、区域管理的原则，各地的工商登记管理机关不可能掌握其他地区企业名称登记的情况，对于在本地区申请注册登记字号与其他地区企业名称中的企业字号相同的企业名称，也有可能给予批准。这种情况被一些不正当竞争者所利用，借他人之名气推广自己的产品，并常常在受到调查时把已获工商登记作为抗辩理由。这类企业名称之间的冲突主要有四种情况：（1）注册在不同行政区域，同商号、同行业。（2）从事不同行业，获得了同一商号。（3）商号混同或近似。（4）由于变更而引起商号冲突。

（二）国内企业与国外企业商号之间的冲突

随着我国对外开放的进一步深化，众多国外知名企业登陆中国市场。由于国外企业来华投资时都很重视保护自己的知识权，其商标专利大多已经在我国注册并得到相应的法律保护，国内一些企业在经营同类商品时，便利用我国企业名称保护制度的不足之处，将国外企业的字号（商号）注册为自己企业的名称，或是直接使用在自己的产品上。同样，改革开放初期，不少中国企业走出国门，把产品销往海外，由于保护知识产权的意识不足，出口时才发现一些在国内享有盛名的老字号已经被国外的企业作为企业名称或商标注册了，直接影响了国内产品走向国际市场。这样的例子不胜枚举，"同仁堂"、"王致和"等老字号都遇到过在国外被抢注的情况。

（三）商号权与商标权的冲突

对于企业来说，企业名称权和商标权都是十分重要的权利，与企业的信誉息息相关。但在我国的法律制度下，对两者的保护却是相互分离的，根据我国法律规定，国家商标局是授予商标权的唯一机构，而企业名称登记却是由各地区的工商行政管理局来承担，各个不同级别的工商行政管理局与国家商标局没有实现信息共享，也无法进行交叉检索，这两种不同的注册管理体制形成了法律真空，在商标领域对企业名称不予保护，在企业名称领域则只对驰名商标予以保护，商标权和企业名称权的冲突成为必然。这种冲突主要表现为两种形式：一是登记在先的企业字号被作为商标注册；二是注册在先的商标被作为企业名称的一部分进行登记。这种冲突的主要原因是商标注册与企业名称的主管部门不同这种冲突的结果使企业面临这样的风险：一种风险是在申请商标时并不考虑已登记在先的企业名称，企业名称的一部分一旦被他人注册为商标，企业只能在商标公告发出后提出异议或是商标核准注册后申请裁定撤销该商标，从而给企业带来不必要的麻烦；另一种风险则是根据1996年8月14日国家工商行政管理局发布实施的《驰名商标认定和管理暂行规定》，自驰名商标认定之日起，他人将与该驰名商标相同或相似的文字作为企业名称一部分使用，且可能引起公众误认的，工商局不予核准登记；已经登记的，驰名商标注册人可以自知道或者应当知道之日起两年内，请求工商行政管理机关予以撤销。根据上述规定，只有当该商标是驰名商标时，才能制止其他企业将其作为企业名称的一部分进行登记。这样就要首先证明其商标的知名程度并得到商标注册管理机关的认定，这又是一个复杂而繁琐的过程。两种风险所带来的后果就是企业经营的成果可能被他人分享。

三、保护商号权的因应对策

而要真正解决商号权之间的冲突首先我们要了解商号权冲突产生的原因，归纳起来大致有以下两点：

1. 企业名称采取的是区域登记注册制

我国目前商号知识产权保护的现状是：企业名称采取的是区域登记注册制。即：由每个行政区域的工商行政管理机关作为登记管理机关，负责该区域内的工商企业的注册登记，全国工商行政管理机关只主管、负责全国公司企业的登记注册工作。由于商号只是企业名称的组成部分，因此，这种企业名称的登记注册制度，极易造成在不同行政区域内有着大量拥有相同商号的企业并存的现象出现。而且这种区域登记注册体制，还会经常导致侵犯他人在先商号权现象的出现。显然企业名称的区域登记注册体制是不完善的，是容易从制度上造成商号权利冲突的，也是造成我国目前商号知识产权保护漏洞百出的根源所在。

2. 企业名称同时采取的是行业登记注册制

《企业名称登记管理规定》中还规定在登记主管机关辖区内不得与已登记注册的同行业企业名称相同或者近似，这样就导致了在同一行政区域内不同行业有着大量相同商号的企业并存的现象。

对此问题我们国家也通过立法等一系列手段来试图解决，首先商号权之间的权利冲突的解决主要体现在《企业名称登记管理规定》中，它采取“申请在先”的原则来解决两个以上企业向同一登记主管机关申请相同的符合规定的企业名称的情况。采取“受理在先”原则来解决两个以上企业向不同登记主管机关申请相同的企业名称的情况。采取“注册在先”的原则来解决两个以上的企业因已登记注册的企业名称相同或者近似而发生争议的情况。但其条文规定得含糊，相互之间不协调。如其中第五条规定：“登记主管机关有权纠正已登记注册的不适宜的企业名称，上级登记机关有权纠正下级登记主管机关已登记的不适宜的企业名称。”在什么情况下企业名称“不适宜”呢？规定并没有说明，并且在第二十四条第二款又规定：“两个以上企业向不同登记主管机关申请相同的企业名称，登记主管机关依照受理在先原则核定”，如果“不同登记主管机关”是行政隶属的，下级登记主管机关受理在先，依第二十四条的规定下级登记机关核定的企业名称有效，如果上级登记主管机关对下级登记主管机关情况不及时了解，对同一地区相同的企业名称也予以注册，必会导致上下级登记主管机关在登记上发生冲突，依第五条规定上级登记主管机关是否可以以“不适宜”为由纠正下级登记机关登记注册的企业名称？《企业名称登记管理规定》的条文不明确，缺乏灵活的操作性，在经济生活中易出现许多问题，并且《企业名称登记管理规定》带有浓厚的计划色彩。

由此可知，造成我国目前商号知识产权保护薄弱现状的原因，有法律规定上的不完善，即不但相关商号知识产权保护的立法层次低下，而且还缺乏具体系统的关于商号的法律保护规定。此外，在保护体制上，如前面所述，区域登记注册制等，也造成了我国商号知识产权保护的先天不足。所以，为了适应社会主义市场经济发展的要求，创立一个公平竞争的市场环境，必须完善我国目前的商号知识产权保护。

1. 立法层面上，我国完全可以借鉴国际上的做法，商号权作为一项知识产权来加以保护，增加商号登记中的公示、异议程序及与相关权利的协调。制定颁布一部法律从立法的条件和时间上目前还很难完成，针对当前亟待解决的商号权和商标权的冲突纠纷，最好由有权机关出台或者完善相关的司法解释，通过对商号的法律性质、商号权和商标权的冲突认定标准、调整冲突非原则等内容的规定，给司法实践中的调整提供法律上的依据。

2. 在体制上，建立商号、域名、商标同时申请制度，并借鉴商标申请所采取的全国统一审查制，即：由国家工商行政管理局负责受理全国范围内的商号申请注册，同时对申请注册的商号实施统一审查，这样做一方面可以事先预防侵犯他人在先权利现象的发生，另一方面也便于国家对商号、域名、商标的统一管理。在仍然保持各级工商行政管理机关登记注册的基础上，实行全国联网，统一检索、审查，从而杜绝不同行政区域内的诸多企业拥有相同商号现象的发生。实际上，许多国家的最新立法都将商号权纳入商标法来加以保护，将商号权、商标权等统称为“商业标志权”，从而彻底解决了权利之间的冲突。例如，新修改的《德国商标和其他标志保护法》第5条规定：公司标志和作品主题应被作为商业标志保护；公司标志是指在商业过程中作为名称、商号或者工商企业的特殊标志使用的标志。

3. 在法律程序上，也可以适当考虑借鉴异议撤销程序，即：允许相关权利关系人在商号登记注册后的一段期限内，可以向相应的登记注册管理机关提出异议，申请撤销不正当的商号。因为商号一经登记便要核发相应的《营业执照》，所以可以不考虑在立法上增设商号的初审公告的规定，只要增设异议撤销程序即可与统一审查体制相配合，共同杜绝不同行政区域内的诸多企业拥有相同商号现象的发生。

4. 在解决冲突的原则上，有必要为正确解决权利冲突，确立一些基本原则。由于商标权、商号权、域名权都属于民事权利，因此解决商标权与其他标识性知识产权冲突除遵循民法的基本原则外，还应该遵循以下的原则。

（1）保护合法在先权利原则。它是指在知识产权权利发生冲突时，保护获得权利在先的知识产权的规则。该原则要求在后权利的设立与行使不得侵犯或者妨碍他人依法取得并受法律保护的在先权利。

在强调保护在先权利的同时，也要注意在后权利存在的客观性，如果一味地否定在后权利的存在，对在后权利人来说，也是不公平的。

（2）禁止混淆原则。同一标识性知识产权同时被多个主体享有是否应禁止，关键要看是否会使消费者产生混淆或误认的后果，回答是肯定的，则应予以禁止。当然，评判、认定混淆或误认的事实不应以相关管理部门及其人员的看法为标准，也不应以同业竞争者的指控为依据，同样不应以侵权行为人的辩解为理由，而应以中等智力水平的消费者以普通注意力会发生混淆、误认、误购的客观事实为依据。

（3）诚实信用原则。该原则是现代民法的基本原则之一，其核心内容是要求人们在民事活动中，讲究信用，恪守诺言，诚实不欺，用善意的心理和方式取得权利履行义务，在不损害他人利益和社会利益的前提下追求自身的利益。此外，由于诚信原则的内容极为概括抽象，规范模糊，其适用范围几乎没有限制，这样，实际就是赋予了裁判人员一定程度的“自由裁量权”。因此，在法律存在缺陷或立法空白时，诚信原则具有漏洞补充功能，这对于维护当事人之间的利益平衡，起着至关重要的作用。

新类型疑难案例选评

向敏国与向敏华经营权确认纠纷案

王长军* 王茂黎**

［案情简介］

原告向敏国与被告向敏华系同胞兄弟。2006 年 5 月 25 日，原告在淘宝网上注册 ID 为“好色馆”的账号，网店初始域名为 http://shop33700744.taobao.com。2006 年 5 月 30 日，原告用被告的身份证复印件通过支付宝账户实名认证，至此“好色馆”作为网店开始经营化妆品。2006 年 10 月，被告到“好色馆”工作，原告向被告每月支付工资。2008 年 2 月 8 日，原、被告签订好色馆所有权证明一份，载明“好色馆”网店系原告借用被告身份证创立，网店的经营权归原告所有。原、被告的母亲付开珍作为见证人在该证明上签名确认。

2010 年 7 月，被告将与支付宝账户对应的银行卡挂失，挂失后更改密码，并取走支付宝账户对应银行卡上的货款 61897.41 元。后被告通过更改支付宝和“好色馆”网店登录密码致使原告对“好色馆”网店彻底失去控制权，网店由被告掌控。原告遂向成都市温江区法院起诉，请求：(1) 确认淘宝网店“好色馆”经营权属原告所有；(2) 判令被告退还原告“好色馆”网店货款 7 万元。

被告辩称“好色馆”网店系原、被告合伙经营。开店之初，父母曾给两人 6 万元，兄弟俩就用该款共同经营“好色馆”网店，原告负责全店总体运作，被告一直在“好色馆”工作。2010 年 7 月 23 日，原告将“好色馆”归还被告，被告才从账户上提取了合伙货款 61897.41 元。

［审理结果］

温江区法院审理认为，被告主张其与原告系合伙经营关系，但因无书

* 四川省成都市中级人民法院法官。

** 四川省成都市温江区法院法官。

面合伙协议，原告对此又予否认，被告所提供的证据并不能证明“好色馆”网店系原、被告共同出资创立。在网店经营过程中，被告未参与分红，系每月领取工资，其行为特征不符合《中华人民共和国民法通则》第三十一条关于合伙经营的构成要件，故双方并未形成合伙关系。因被告对2008年2月8日其与原告共同签字确认，内容中载明系原告借用被告身份证申请支付宝实名认证及“好色馆”网店经营权系原告所有，且《成都日报》等媒体报道以及成都市温江区相关单位出具的证明等证据材料能相互印证原告一直在经营“好色馆”网店这一事实，故“好色馆”网店的经营权归原告所有。虽然经营货款61897.41元系保存在以被告身份证申请的支付宝对应的银行卡上，但因网店系由原告经营，故网店产生的收益应由原告享有。据此，温江区法院判决：一、初始域名为http://shop33700744.taobao.com的淘宝网店“好色馆”经营权系原告向敏国所有。二、被告向敏华于本判决生效之日起十日内，返还原告向敏国网店货款61897.41元。

判决书送达后，当事人均未上诉。

［评析］

借用他人身份证注册网店的经营权应归属实际经营者

计算机网络的快速发展使人类社会发生了巨大变化，上网已经成为民众生活的重要方式，娱乐、游戏、聊天、交友、电子商务、在线生活等，网络在改变世界，改变人们传统生活方式的同时，也对法律提出了挑战，如因网络而生的虚拟财产的法律保护问题就越来越受到理论和实务界的关注，成为亟待解决的问题。由于我国法律对此缺乏规定，纠纷产生后如何处理？本案系国内第一起因网店经营权而发生的确权、侵权案件，为此类案件可起到一定的借鉴作用。

一、网店属于网络虚拟财产

网络虚拟财产是指虚拟的网络本身以及存在于网络上的具有财产性的电磁记录，是一种能够用现有的度量标准度量其价值的数字化的新型财产。① 与实际生活中的物相比，网络虚拟财产只能存在于网络空间的虚拟世界，它本质上是一组保存在服务器的电磁记录，对网络存在着天生的依赖性，其随着网络

① 杨立新、王中合：《论网络虚拟财产的物权属性及其基本规则》，载http://www.civillaw.com.cn/qqf/weizhang.asp? id=36552。

运营商的经营状况、经营成本以及市场需求等情况的变化而存在服务期限，故网络虚拟财产具有无形性、技术限制性、交易性、价值性、期限性以及依耐性等特点。网络虚拟财产可以分为两大类型：虚拟网络本身和存在于网络上的虚拟财产。存在于网络上的虚拟财产包括网络游戏中的账号（ID）及积累的“货币”、“装备”、“宠物”、网络虚拟社区中的账号、货币、积分、用户级别、OICQ号码、电子信箱等。本案当事人争议的初始域名为http：//shop33700744. taobao. com的淘宝网店产生于淘宝网运营商的服务器中，并依附于该服务器，用户按照淘宝网的规则，通过申请取得该网店的使用权，成为网络经营者，作为其销售商品的平台，因此，网店具有上述虚拟财产的所有特征，属于虚拟财产的范畴。

二、网店的经营权应当受到法律保护

（一）虚拟财产的法律性质

虽然网络虚拟财产的法律意义得到了认同，但是对于其作为权利客体属性的认识却众说纷纭，主要有五种观点：（1）物权说。主张将虚拟财产视作与“光、热、电”等类似的无形物来加以保护。（2）债权说。认为用户与运营商达成了一个服务合同，因而用户对运营商可以主张债权。（3）无形财产说。该观点将网络虚拟财产视为一种全新的财产类型。（4）智力成果说。这种学说认为虚拟环境中因为有了“玩家”的参与而具有了人格和思想上的独创性，故应该属于智力成果。（5）物权债权双重属性说。该学说主张“网络虚拟财产的占有既有网络运营商的占有，又有网络用户的占有。因此，网络虚拟财产的占有状态具有特殊的双重性……网络虚拟财产的权利属性认定过程实际上就是其债权与物权状态的动态分布过程。这种不同主体之间的债权关系与物权关系交织在一起，构成了网络虚拟财产权。”上述观点都试图将传统的民法理论直接应用于网络虚拟财产，具有一定的合理性，但都存在无法解释的困惑。例如，影响较大的物权说，根据《中华人民共和国物权法》第二条第三款“物权，是指权利人依法对特定的物享有直接支配和排他的权利，包括所有权、用益物权和担保物权。”第五条“物权的种类和内容，由法律规定”之规定，物权具有支配性、对世性、排他性，物权只能源于法律的规定。而作为电磁记录形式存在的虚拟财产都存在于运营商的服务器，虚拟财产的拥有者行使权利必须借助网络运营商的积极配合，否则无法行使，其支配性、对世性、排他性与物权差异甚大，我国法律目前也没有承认虚拟财产属于物权。多数学者认为：“虚拟财产作为一种财产是与以往任何财产形态所不同的。它虽然具有物权的特征，但却无法纳入物权法的调整范围；它虽然类似于合同的债权，但仅仅依赖合同法进行调整，又难以迈过合同法原理和相关规定的门槛；将其作为知识产权，又有将网络游戏这个完整的作品分崩离析之嫌，而且难达定分止争之效；作为无形财产，又过于笼统，凸现立法滞后。因此，虚拟财产作为是网络尤其是网络游戏发展的产物，将其归为任何传统的财产权都是有缺陷的，它就是一种新型的财产权，可以称之为虚拟财产权。”①

（二）虚拟财产应当受到法律保护

民法上的财产都具有经济价值，包括有形财产和无形财产。前者如土地、房屋、机器设备等；后者如专利、作品、商标、企业名称、商誉、商业秘密等。网络虚拟财产看不见，摸不着，它在网络上交易，就像普通商品在超市一样，同样具有价值和交换价值。如玩家的“装备”，它是游戏玩家花费了大量时间、金钱、精力取得，也是劳动所得，不仅满足使用者的某种需要，而且“装备”可以明码标价，通过网上的交易和现实中货币的给付来实现流通，完全具有财产的属性，是无形财产的一种形态，其价值也可以由专门的评估机构根据相关方法予以评估。而民法的功能就在于确定权利的归属和维护交易的安全，其目的在于保护权利主体合法、正当的利益。有学者指出，权利的木质乃法律所保护的利益，凡依法律归属于个人的利益，无论精神的或物质的，即为权利②。网络虚拟财产是主体的劳动取得，是主体的利益所在，法律应当承认并保护这种财产利益，以维护正常的社会秩序。

（三）原告的网店经营权应当受到法律保护

淘宝网的网店是网络运营商设计制造出来的，其所有权应属于淘宝网的网络运营商，而商家通过申请实际取得的是该ID所指向的网店的经营权。目前，在淘宝网注册网店是免费的，所以一个新申请取得的网店并无经济价值。但是，如果网络经营者重视网店，倾注心血，不断对网店投入精力，诚信经营，销售货真价实的商品，其点击率及交易量不断增加，网店的信誉度也会不断提高，此时的网店就具有了较高的经济价值。例如，本案原、被告诉争的“好色馆”网店，由于原告吃苦耐劳、持之以恒，加之在市场定位、竞争分析、营销策略、资金筹措和团队建设等方面都相当出色，由开业之初经营女士化妆品转型为专业经营男士化妆品后，营业额从每天仅几十元逐渐增加到每天上千元；产品品种从20多个增加到300多个；网店的工作人员也由最初的2人增加到16人。2008年底，“好色馆”升级为淘宝网3皇冠信誉店铺，货品种类达到

---

① 陈敏建，尚志龙：《虚拟财产的法律性质辨析》，载 www. chinalawedu. com。

② 征汉年：《利益：权利的价值维度》，载 http：//article. chinalawinfo. com/article_ print. asp？ articleid＝38197。

1000余种，年营业额达到300万元，当之无愧地坐上了淘宝网男士化妆品第一的宝座。[①] 因此，“好色馆”网店骄人的经营业绩对原告具有巨大的商业利益。

不管经营者采用实体经营还是网络经营的方式出售货物，都是为了通过出售商品而获取利润。我国目前对实体经营都有法律给予明确保护，根据公平理念，网络经营者也应当获得与实体经营同等的法律保护。当然，这里的“同等”并不是指完全相同，而是指网络经营者应当获得一个普通经营者应当获得的最低限度的法律保护，即网络经营者就网店享有占有、使用、收益、处分的权利应当受到法律的保护。所以，当网络经营者的经营权受到他人侵害时，可依据《民法通则》第五条：“公民、法人的合法的民事权益受法律保护，任何组织和个人不得侵犯。”《侵权责任法》第二条：“侵害民事权益，应当依照本法承担侵权责任。本法所称民事权益，包括生命权、健康权、姓名权、名誉权、荣誉权、肖像权、隐私权、婚姻自主权、监护权、所有权、用益物权、担保物权、著作权、专利权、商标专用权、发现权、股权、继承权等人身、财产权益。”等规定，向法院起诉并获得法律的救济。

三、网店注册人与实际经营者就经营权发生纠纷时，应认定实际经营者享有经营权

本案纠纷的产生源于原告使用了被告的身份证注册“好色馆”网店。根据淘宝网规则，一个身份证只能注册一个ID。如果借用他人的身份证注册网店，就会出现注册人与实际经营者不一致的情况，当注册人与实际经营者就网店的经营权发生争议时，应确认归谁所有？

笔者认为，既然法律保护的是利益，故应当从创造网店经济价值的角度来判断归属。前文已述，淘宝网网店的注册并不需要付出对价，一个刚注册的网店不具备经济价值，只有经过一段时间的经营并取得一定业绩，才会逐渐产生经济价值，且其经济价值与拥有的客户资源、交易金额、信用等级成正比。经营出色的网店的经济价值，甚至超过许多传统的实店。由于网络购物具有足不出户、价廉物美、简便快捷等优势，许多传统经销商都纷纷进入网络，为顾客提供网上购物平台。据统计，我国网络零售市场交易规模2009年为2600亿元，2010年近乎翻倍达5131亿元，网络购物用户也增长了48.6%。[②] 所以，法律对网店经营权的保护实质是对网店经营权中融入的无形经济价值部分的保护。在实际认定谁是网络商品经营者时，判断的主要依据为：实际经营者不仅是网店的

---

① http://www.koduo.com/fangshi/wangshang/12996.html。

② 《浅谈网络对现实生活的影响》，载http://www.qikan120.com/qydtInfo.asp?Articleid=40003。

实际注册者，其还拥有经营方式的选择权、日常生产经营活动的决策权和指挥权、自有资金的自主使用权、人事权、资产运用权、工资与奖励形式决定权、联合经营权、用工权，即实际经营者有权在国家法律允许的范围内自行决定产品定价、人员用工等权利。本案中，被告基于自己的身份证与“好色馆”网店的ID绑定，主张其与原告向敏国系合伙经营，从法律上讲，应当推定其理由成立。但是，这种推定应允许对方以证据推翻，原告向敏国出具的入股分红协议、《成都日报》等媒体报道、成都市温江区相关单位的证明，特别是2008年2月8日原、被告在其母亲付开珍的见证下签署的书面协议，充分证明原告才是“好色馆”网店经营者这一事实，故对于原告请求确认淘宝网店“好色馆”经营权归其所有的诉讼请求能够得到法律的支持。因“好色馆”网店系由原告创立并经营，故“好色馆”网店在此基础上产生的收益应归原告享有，被告侵占的网店货款，应依法予以退还。

总之，随着网络世界的发展，虚拟财产及其衍生权利不断兴起，网络虚拟财产也是我国法律所保护的一种财产权利。当其受到网络商或者第三人的侵害时，理应得到法律的保护。

贾学才与中国农业银行股份有限公司保山分行储蓄存款合同纠纷案

王晓敏[*]　余德厚[**]

[案情简介]

原告：贾学才。

被告：中国农业银行股份有限公司保山分行。

原告贾学才诉称，其于2009年3月31日查询存款余额时，发现32227元不翼而飞，即与被告银行联系，银行提供的账户明细查询清单反映原告存款共32302.47元被他人在省外分十次取走了32227元，账户余额仅为75.47元。原告要求取回其存款32227元，但被告表示原告的存款已被犯

* 云南省保山市中级人民法院法官。

** 海南省洋浦经济开发区人民法院法官。

罪分子取走，待公安机关破案后才能处理。原告认为，犯罪分子窃取的是银行的钱，而不是原告的存款。为此，请求法院判令：（1）由被告支付原告存款本金32227元及相应利息；（2）本案诉讼费由被告承担。

被告农业银行保山分行答辩称：（1）对原告存款被窃取的事实，被告存在质疑；（2）被告没有过错，不应承担赔偿责任；（3）原告疏忽大意的过失比较明显，是存款被窃取的主要原因，应由原告自行承担责任。

［审理结果］

经审理查明：2008年2月3日，原告贾学才到被告农业银行保山分行设立的人民路分理处申请办理了中国农业银行金穗借记卡一张。之后，原告贾学才一直正常使用该借记卡办理个人相关金融交易业务。截至2009年3月29日原告贾学才在该借记卡账户内的存款余额为32302.47元。2009年3月31日中午，原告贾学才到被告设立的自动柜员机网点取款时，自动柜员机显示余额不足，经查询，原告卡内余额仅为75.47元，原告立即到办理该借记卡的农行保山分行人民路分理处进行查询，经查看相关资料，告知原告其借记卡内的存款已被人在省外支取了32227元（含手续费327元），让原告到公安机关报案。原告在要求农行保山分行对其被支取的存款32227元予以赔偿无果的情况下，分别到兰城派出所、隆阳分局经侦大队报案。被告向经侦大队出具了情况说明一份，并提供了原告借记卡的交易明细清单，该两份证据证实：“2009年3月28日20时17分57秒至20时18分44秒，两名男子在农行保山分行人民路分理处的自动柜员机插卡处安装了一插卡设备，在显示屏上方安装了一疑似摄像设备。20时40分45秒贾学才到该柜员机取款2000元。21时39分46秒至21时40分26秒，一名男子和一名女子将安装在该柜员机上的设备取走。2009年3月30日03时19分04秒至03时20分54秒原告借记卡内的存款在外省区自动柜员机分四次，每次5000元，共被取现20000元，银行四次共收取手续费208元（四次取款的省市代码均为24；行号均为9999）；2009年3月31日06时48分54秒至06时52分03秒原告借记卡内的存款再次在外省区自动柜员机分六次，前五次每次2000元、第六次1900元，共被取现11900元，银行六次共收取手续费119元（六次取款的省市代码均为44；行号均为1499）。”2009年4月1日，原告向被告申请，对其持有的农行金穗借记卡进行销户。同月11日，被告对该卡作了销户处理，原告支取了卡内的存款余额75.47元。该案至今尚未侦破。

保山市隆阳区人民法院审理认为，原告贾学才与农行分行之间建立起了储蓄存款合同关系，该合同依法成立后，被告即负有对原告存款谨慎保管的特别注意义务及保障交易场所安全，防范犯罪发生、保护储户合法储蓄不受侵犯的义务。原告贾学才卡内存款被他人非法侵犯，农行分行未及时发现其自动柜员机被人安装插卡设备和疑似摄像设备，存在明显过错，同时，被告对原告卡内存款是否为原告或原告授权的代理人所支取负有举证责任，在未能举证证明原告存在过错的情况下，依据公平合理的原则，被告应当赔偿原告被他人支取的存款及相应的利息。依照《中华人民共和国民法通则》第四条、第一百零六条第二款，《中华人民共和国合同法》第六十条，《中华人民共和国民事诉讼法》第六十四条第一款及《最高人民法院关于民事诉讼证据的若干规定》第二条之规定判决：由被告中国农业银行股份有限公司保山分行赔偿原告贾学才存款32227元及相应利息（自2009年3月31日起至2009年10月26日止）。于判决生效后十五日内付清。

一审判决宣判后，被告农行分行不服，向保山市中级人民法院提起上诉，请求撤销一审判决，改判其不承担赔偿责任。上诉理由是：（1）农行分行的柜员机设置符合公安机关的认定，已切实履行了保障资金安全和交易场所安全的附随义务。（2）被上诉人的存款被他人盗取是否能查证属实是本案的疑点。（3）被上诉人对借计卡使用和管理上的疏忽而导致的损失和风险不应转嫁于商业银行。

被上诉人贾学才答辩称：（1）银行提交的安全防范设施建设及验收审批表仅仅是金融机构从事经营的必备文件，与本案没有直接的关系。（2）隆阳区公安局提供的证据已经详实到“秒”，本案资金被盗已经不存在疑点。（3）答辩人对自己的卡及密码管理没有疏于防范，过失在被答辩人。

保山市中级人民法院审理认为，上诉人农行分行与被上诉人贾学才之间合法成立了储蓄合同，双方各自都应依据法律及合同的约定履行合同义务，农行分行负有的合同义务主要是对储户的存款尽到谨慎保管、安全防范及履行合同中有注意和通知及对储户资料保密，支付存款等，储户的义务主要是合法使用储蓄卡及保密义务。本案中当贾学才向农行分行要求支取其存款时，农行分行未能按照合同的约定向贾学才支付存款，这是一种违约行为，上诉人农行分行应承担违约责任。农行分行提出的三条上诉理由均不能成立，首先，农行分行的自动柜员机的设置经过审批及验收，只能证明其设置是合法的、合格的，不能证实该机在正常使用中会一直保持安全性，而对于这种安全性的维持是基于农行分行工作人员对该机的监控及定时的检查和维修，本案正是因为其工作人员在工作上的疏忽，对于外来非法侵害，未及时发现、及时排除安全隐患，最终导致储户的合法利益被侵害，这种过错导致的结果不应转嫁给储户。其次，一审法院的判决中客观的认定了已查明的事实，未对案件的性质做定性，最后的判决理由也未以贾学才存款被人盗取作为农行赔偿依据，本案的事发关键在于农行分行是否谨慎履行注意、防范、及时通知等义务，农行分行的监控录像正好可以证明，农行分行在这个问题上未尽到责任的。再次，对于贾学才存在对其卡及密码管理不当的行为，应由农行分行承担举证责任，农行分行提交的监控录像及《金融机构营业场所安全防范建设工程验收审批表》，这两组证据相结合起来可以证实，农行分行对其所设柜员机的运作情况及外界侵害未能及时发现情况、及时排除侵害，从而给储户正常操作该柜员机办理业务埋下安全隐患，致使储户在合理使用该柜员机时密码外泄，这样的结果储户不能预见，却是设置该柜员机的农行分行可以预见的，故对此被上诉人贾学才是不存在过错的。综上所述，上诉人农行分行的过错行为导致其根本违约，贾学才请求判决农行分行赔偿其32227元存款及相应利息的请求是符合法律规定及合同约定的。一审判决认定事实清楚、证据确充分，适用法律正确。依据《中华人民共和国民事诉讼法》第一百五十三条第一款第一项的规定，判决如下：驳回上诉，维持原判。

［评析］

他人利用银行的ATM机实施犯罪行为，导致储户存款被盗取，而犯罪者尚未抓获，该风险和民事责任应由银行承担

对本案的处理曾有多种意见：

第一种意见认为，他人在ATM机上非法安装盗窃设备，并在省外分次取走存款，不是该银行的行为和过错，不应由银行承担赔偿责任。由于该案未告破，也不排除贾学才本人故意将密码泄露给他人取走存款的可能性。第二种意见认为，银行存款被盗取，既有银行对营业场所防范不严的责任，也有持卡人未保管好密码导致信息泄露的责任，双方应各承担一半的责任，且现代社会利用信息技术犯罪猖獗，如果都由银行来承担责任，银行业的风险无疑太大。第三种意见认为，银行责任应大于储户责任，银行至少应承担70%的责任。因ATM机是由银行安装并由银行负责日常维护，取款机被安装了插卡及摄像设备，银行却未及时发现，导致贾学才在正常操作时泄露了自己的信息，且银行监控到异常情况却未采取任何制止措施。第四种意见认为，银行有保障储户的存款及其营业场所安全的义务，并负有谨慎防范、及时通知等附随义务，而银行未履行此义务，导致不法分子窃取了储户银行卡信息，进而窃取了

银行的存款，银行不能因此免除付款义务，仍应按照合同约定向储户支付存款本金及利息。判决最终采纳了第四种意见，现进行分析如下：

一、储蓄存款合同性质

吸收公共存款是银行的一项主要业务，原告贾学才到被告银行存款，双方即成立储蓄存款合同。按合同的法律特征分类，储蓄存款合同是一种要式、有偿、单务及实践性合同。合同格式及条款由储蓄机构提供，存款人并不享有与储蓄机构协商确定存款合同条款的余地。存款不同于一般保管性质，因为货币属种类物而非特定物，贾学才的钱一旦存入银行，其所有权就转移至银行，由银行占有、支配和使用，银行给付利息，在储户有支取存款要求时，银行有无条件支付的义务。《合同法》第一百二十一条规定，当事人一方因第三人的原因造成违约的，应当向对方承担违约责任。当事人一方和第三人之间的纠纷，依照法律规定或者按照约定解决。因此，银行不能因他人的犯罪行为免除其对储户的付款义务，而仍应按照储蓄合同的约定向储户支付存款本金和利息，但银行依法享有在案件告破时对存款盗取者进行追偿的权利。

二、银行是否尽到了对储户信息的安全保障义务

银行提出其经营场所及设备，包括自动柜员机装置的安全防范措施全部经公安机关验收合格，证明其已切实履行了安保义务，而是原告对借记卡使用和管理上存在疏忽导致风险和损失。事实上，商业银行对于自己的服务设施、设备的性能和经营场所的安全情况比储户有更多的了解，更能预见可能发生的危险和损害，更有可能采取必要的措施防止危险的发生。但银行方对其经营场所并没有安排足够的防范力量，以致犯罪分子将盗码设备安装于其经营场所较长时间而不被发觉；银行对借记卡也未采取安全有效的技术，以致不法分子在窃取了储户的磁条信息和密码后持伪造的磁卡盗取了存款。银行不能举证证明泄露存款信息和密码系原告故意或重大过失所为，相反，银行自身的监控录像却完整记录了可疑人员在ATM机上安装、取走可疑设备的过程，对来自外部的非法侵害不能及时发现并制止危害继续发生，银行理应对其疏于防范的过错和未履行及时通知义务、对交易场所的安全保障义务承担责任。

三、原告对银行卡信息和密码泄露是否存在过错

所谓“过错”，是指能预见、能避免而未避免的失误。按一般人、理性人的标准而言，储户对银行经营场所的安全是具有合理信赖的，储户无法预见、也不能识别银行的ATM机上安装了非法设备。尽管储户的个人密码只有储户本人知晓，但正因为银行安全措施的疏漏，使储户在正常使用ATM机时密码外泄，为不法分子盗窃得逞埋

下安全隐患。本案贾学才未曾遗失其借记卡和密码，也未委托他人使用，其无法预见银行经营场所被安装了犯罪工具，且当其发现借记卡内资金短少后马上与银行方联系并报警，故对于银行卡信息被泄露，贾学才没有过错。虽然银行对存款被盗取的事实能否查证属实一直存有疑义，但目前没有证据表明存款“不翼而飞”系贾学才所为或其委托、串通他人所为，只有等到案件侦破的那天，相信一切违法犯罪者终难逃法网。

四、本案的启示

在传统的柜台交易中，银行工作人员可以对储户的存取款凭证、身份证件、签名、印章进行核实，以保证资金支付的安全。但随着储蓄卡、信用卡等金融电子化交易工具的普及，个人电子信息数据的安全成为了一个非常突出的问题。通过银行对外提供的机器输入储户信息和密码，机器便视为是储户本人在进行交易，信息密码是否为盗取机器不能识别，机器提供给人类便利的同时，风险也相伴而生。

对这种风险的防范义务，当由从中获益的人承担。银行和储户在电子化交易中均有获益，但储户仅得到了交易的便利，而银行却直接获得了经济上的收益和人力成本的降低，同时手续便利和快捷，为银行吸纳存款和增加盈利提供了机会和空间，按照收益与风险相一致的原理，银行作为经济利益的最终获得者，应当负有保障电子信息数据安全和防范风险制止危险的义务。本案最终判决商业银行赔偿储户被盗取的存款及利息，不仅是依照事实与法律进行了正确的判决，而且是对商业银行的一种敦促和警示，机器只是一种提高生产力的工具，它需要人不断地参与、管理和维护，风险无时无处不在，商业银行在追求利润最大化的同时，更需要加强安全风险防范意识。

最新立法司法动态

商业银行流动性风险管理办法（试行）（征求意见稿）

第一章 总 则

第一条 为加强商业银行流动性风险管理，维护银行体系安全稳健运行，根据《中华人民共和国银行业监督管理法》、《中华人民共和国商业银行法》、《中华人民共和国外资银行管理条例》等法律法规，制定本办法。

第二条 中华人民共和国境内设立的中资商业银行、外商独资银行、中外合资银行适用本办法。

第三条 本办法所称流动性风险，是指商业银行无法及时获得或者无法以合理成本获得充足资金，以偿付到期债务或其他支付义务、满足资产增长或其他业务发展需要的风险。

流动性风险既可能来自商业银行的资产负债期限错配，以及信用风险、市场风险等其他类别风险向流动性风险的转化，也可能来自市场流动性对银行流动性风险的负面影响，即由于外部融资市场深度不足或市场动荡，导致商业银行无法及时以合理价格变现或抵押资产以获得流动性支持。

第四条 商业银行应当按照本办法建立健全流动性风险管理体系，有效识别、计量、监测和控制流动性风险，确保其流动性需求能够及时以合理成本得到满足。

第五条 中国银行业监督管理委员会（以下简称银监会）依法对商业银行的流动性风险水平及流动性风险管理实施监督管理。

第二章　流动性风险管理

第六条　商业银行应当在法人和集团层面建立与其业务规模、性质和复杂程度等相适应的流动性风险管理体系。流动性风险管理体系应当包括以下基本要素：

（一）健全的流动性风险管理治理结构。

（二）完善的流动性风险管理策略、政策和程序。

（三）有效的流动性风险识别、计量、监测和控制。

（四）完备的管理信息系统。

第一节　流动性风险管理的治理结构

第七条　商业银行应当建立完善的流动性风险管理治理结构，明确董事会及其专门委员会、监事会（监事）、高级管理层及其专门委员会以及相关部门在流动性风险管理中的职责及报告路线，建立适当的考核及问责机制。

第八条　商业银行董事会应当承担流动性风险管理的最终责任，履行以下职责：

（一）审核批准并至少每年审议一次可承受的流动性风险水平、流动性风险管理策略、重要的政策和程序。

（二）监督高级管理层对流动性风险进行有效管理和控制。

（三）持续关注流动性风险状况，定期获得流动性风险报告，及时了解流动性风险水平、管理状况及其重大变化。

（四）审批流动性风险信息披露内容，保证披露信息的真实性和准确性。

（五）其他有关职责。

董事会可以授权其下设的专门委员会履行其部分职责。

第九条　商业银行的高级管理层应当履行以下职责：

（一）及时测算并在必要时调整可承受的流动性风险水平，并提请董事会审议。

（二）根据董事会批准的可承受的流动性风险水平，制定、定期审议并监督执行流动性风险管理策略、政策和程序。

（三）建立完备的管理信息系统，支持流动性风险的识别、计量、监测和控制。

（四）组织开展压力测试，并将压力测试结果应用于风险管理和经营决策。

（五）充分了解并定期评估流动性风险水平及管理状况，及时了解流动性风险的重大变化，并向董事会定期报告。

（六）制定流动性风险应急计划并组织演练。在触发应急计划的事件发生时，迅速组织实施应急计划。

（七）确保银行具有足够的资源独立、有效地开展流动性风险管理工作。

（八）其他有关职责。

第十条 商业银行应当指定专门部门负责流动性风险管理，流动性风险管理职能应当保持相对独立。

第十一条 商业银行应当在内部定价以及考核激励等相关制度中充分考虑流动性风险因素，在考核分支机构或主要业务条线经风险调整的收益时应当纳入流动性风险成本，防范因过度追求业务扩张和短期利润而放松对流动性风险的控制。

第十二条 董事会（监事）应当对董事会及高级管理层在流动性风险管理中的履职情况进行监督评价，至少每年一次向股东大会（股东）报告董事会及高级管理层在流动性风险管理中的履职情况。

第十三条 商业银行应当将流动性风险管理纳入内部审计的范畴，定期审查和评价流动性风险管理体系的充分性和有效性。内部审计应当涵盖流动性风险管理的所有环节，包括但不限于：

（一）相关的管理体系、制度和实施程序是否能够有效识别、计量、监测和控制流动性风险。

（二）流动性风险管理政策和程序是否得到有效执行。

（三）现金流分析和压力测试的基本假设是否适当。

（四）流动性风险限额管理是否有效。

（五）流动性风险管理信息系统是否完备。

（六）流动性风险管理报告是否准确、及时、有效。

第十四条 流动性风险管理的内部审计报告应当直接提交董事会。董事会应当针对内部审计发现的问题，督促高级管理层及时采取整改措施。内部审计部门应当适时对整改措施的实施情况进行后续审计，并及时向董事会提交后续审计报告。

商业银行在境外设有分支机构或附属机构的，应当根据其管理模式，针对银行整体及分国别或地区的流动性风险管理分别进行审计。

第二节　流动性风险管理策略、政策和程序

第十五条　商业银行应当根据其经营战略、业务特点、财务实力、融资能力、总体风险偏好及市场影响力，在充分考虑其他风险与流动性风险相互影响与转换的基础上，确定在正常和压力情景下可承受的流动性风险水平。

第十六条　商业银行应当根据可承受的流动性风险水平，制定书面的流动性风险管理策略、政策和程序。流动性风险管理策略、政策和程序应当涵盖银行的表内外各项业务，以及境内外所有可能对其流动性风险产生重大影响的业务部门、分支机构和附属机构，并包括正常和压力情景下的流动性风险管理。

第十七条　流动性风险管理策略应当涵盖流动性风险管理的总体目标、整体模式以及主要政策和程序。

流动性风险管理政策和程序包括但不限于：

（一）现金流管理。

（二）流动性风险识别、计量和监测。

（三）流动性风险限额。

（四）负债和融资管理。

（五）日间流动性风险管理。

（六）压力测试。

（七）应急计划。

（八）优质流动性资产储备管理。

（九）跨机构、跨境以及重要币种的流动性风险管理。

（十）对影响流动性风险的潜在因素，以及其他类别风险对流动性风险的影响进行持续监测和分析。

第十八条　商业银行在引入新产品、新技术，建立新机构、新业务部门前，应当在可行性研究中充分评估其可能对流动性风险产生的影响，完善相应的风险管理政策、程序，并获得负责流动性风险管理部门同意。

第十九条　商业银行应当综合考虑业务发展、技术更新及市场变化等因素，至少每年对可承受的流动性风险水平、流动性风险管理策略、政策和程序进行一次评估，并根据需要进行修订。

第三节　流动性风险识别、计量、监测和控制

第二十条　商业银行应当建立有效的流动性风险识别、计量、监测和

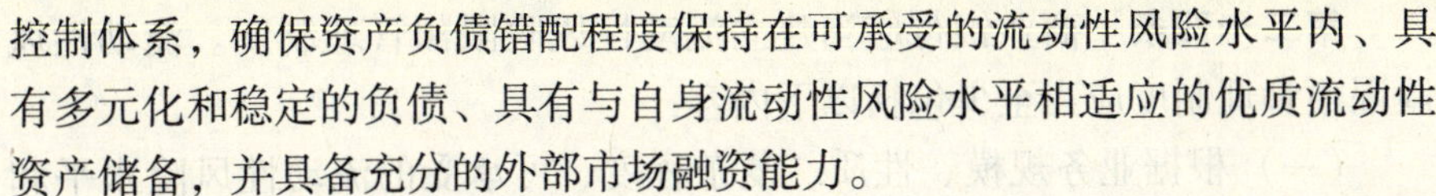

控制体系，确保资产负债错配程度保持在可承受的流动性风险水平内、具有多元化和稳定的负债、具有与自身流动性风险水平相适应的优质流动性资产储备，并具备充分的外部市场融资能力。

第二十一条 流动性风险的识别、计量、监测和控制体系应当包括完整的现金流测算和分析框架，能有效计量、监测和控制现金流缺口。现金流测算和分析框架应当至少涵盖以下内容：

（一）资产和负债的未来现金流。

（二）或有资产和或有负债的潜在现金流。

（三）对重要币种现金流的单独测算分析。

（四）代理、清算和托管等业务对现金流的影响。

第二十二条 商业银行应当根据业务规模、性质、复杂程度及风险状况，运用包括现金流缺口在内的一系列方法和模型，对银行在正常和压力情景下未来不同时间段的流动性风险水平及优质流动性资产储备情况进行前瞻性分析。

商业银行在运用上述方法和模型时应当使用审慎合理的假设前提，定期对各项假设前提进行评估，根据需要进行修正，并保留书面记录。

第二十三条 商业银行应当根据业务规模、性质、复杂程度及风险状况，监测可能引发流动性风险的特定情景或事件，及时分析其对流动性风险的影响，并建立适当的预警指标体系。可参考的情景或事件包括但不限于：

（一）资产快速增长，风险显著增加。

（二）资产或负债集中度上升。

（三）货币错配程度增加。

（四）负债平均期限下降。

（五）多次接近或违反内部限额和监管标准。

（六）特定业务或产品发展趋势下降或风险增加。

（七）银行盈利水平、资产质量和总体财务状况显著恶化。

（八）负面的公众报道。

（九）信用评级下调。

（十）股票价格下降或债务成本上升。

（十一）批发和零售融资成本上升。

（十二）交易对手要求增加额外的担保或拒绝进行新交易。

（十三）代理行降低或取消授信额度。

（十四）零售存款大量流失。

（十五）获得长期融资的难度加大。

第二十四条 商业银行应当建立流动性风险限额管理制度。流动性风险限额管理制度应当至少包括以下内容：

（一）根据业务规模、性质、复杂程度、可承受的流动性风险水平和外部市场发展变化情况，确定各项流动性风险管理限额，包括现金流缺口限额、负债集中度限额、集团内部融资和交易限额等。

（二）制定和调整限额的授权制度和审批流程。商业银行应当至少每年对流动性风险限额进行一次评估，必要时进行调整。

（三）对限额遵守情况的监督检查制度。

（四）超限额情况应当依规定程序得到事前审批，对未经批准的超限额情况应当进行调查并合理问责，对超限额情况的审批和处理应当保留书面记录。

第二十五条 商业银行应当建立并完善融资策略，提高负债的多元化和稳定程度。商业银行实施融资管理应当满足以下条件，包括但不限于：

（一）负债的提高表内外负债品种、币种、期限、交易对手、融资抵押品、融资市场等的分散化程度，适当设置集中度限额。

（二）加强融资渠道管理，积极维护与融资交易对手的关系，保持在市场上的适当活跃程度，并定期检验市场融资能力。

（三）加强对融资抵押品的管理，准确计量可以用作抵押品的资产数额，评估资产的抵押能力，提高通过抵押融资迅速获取资金的能力。

（四）密切监测主要金融市场的交易量、价格等重要指标情况，评估市场流动性对银行外部市场融资能力的影响。

第二十六条 商业银行应当加强日间流动性风险管理，设立适当的日间流动性风险指标，确保具有充足的日间流动性头寸，满足正常及压力情景下的支付结算需求。

第二十七条 商业银行应当建立流动性风险压力测试制度，分析银行承受压力事件的能力。流动性风险压力测试应当符合以下要求：

（一）实施压力测试的频度应当与其规模、风险水平及市场影响力相适应，至少每季度应当进行一次常规压力测试。出现市场剧烈波动等情况时，应当加大压力测试频度。

（二）压力测试应当在法人和集团层面实施，针对流动性转移限制等情况，应当对有关分支机构或附属机构单独实施压力测试。

（三）压力测试的假设情景应当审慎合理，对假设理由应当进行详细说明。

（四）应当明确抵御流动性危机的最短生存期，最短生存期应当不低于一个月。

（五）压力测试应当充分考虑各类风险与流动性风险的内在关联性，市场流动性对银行流动性风险的影响和压力情景对各项流动性风险要素的影响及其反作用。必要时，应当针对各风险要素的相互作用实施多轮压力测试。

（六）在可能情况下，应当参考以往出现的银行或市场流动性危机，对压力测试结果实施事后检验。压力测试结果和事后检验应当有书面记录。

（七）根据压力测试结果制定有效的应急计划，必要时应当及时调整资产负债结构，并具有充足的优质流动性资产抵御流动性压力。

（八）测算可承受的流动性风险水平、确定风险限额、制定业务发展和财务计划时，应当充分考虑压力测试结果。

第二十八条 商业银行应当根据业务规模、性质、复杂程度、风险水平、组织架构及其市场影响力，制定有效的流动性风险应急计划。流动性风险应急计划应当满足以下条件：

（一）设定触发应急计划的情景，至少应当包括银行评级被大幅降低的情况。

（二）明确董事会、高管层及各部门在应急计划实施中的权限和职责。

（三）包括资产方应急措施和负债方应急措施，列明压力情况下的应急资金来源和量化信息，合理估计可能的筹资规模和所需时间，充分考虑跨境、跨机构的流动性转移限制，确保应急资金来源可靠、充分。

（四）区分法人和集团层面，并视需要针对重要币种和境外主要业务区域制定专门的应急计划。对于受到流动性转移限制影响的分支机构或附属机构，应当制定专门的应急计划。

（五）至少每年一次对应急计划进行评估，必要时进行修订，并不定期对应急计划进行演练，确保在紧急情况下的顺利实施。

（六）出现流动性危机时，应当加强与交易对手、客户及公众的沟通，最大限度减少信息不对称可能给银行带来的不利影响。

第二十九条 商业银行应当具有与可承受的流动性风险水平相适应的优质流动性资产储备，确保其满足压力情景下的支付结算和资金流出需要。优质流动性资产储备管理应当符合以下要求：

（一）在使用优质流动性资产储备获取资金时没有法律、监管和操作上的障碍。

（二）对优质流动性资产储备的可交易性及变现程度进行定期检验，

确保其具有足够的流动性，并避免在压力时期出售资产所带来的负面影响。在特殊情况下应当加大检验频度。

（三）制定明确的书面制度，确保负责流动性风险管理的部门对优质流动性资产储备拥有实际控制权。其他部门动用优质流动性资产储备的额度，应当事前获得负责流动性风险管理部门的同意。

第三十条 商业银行实施流动性风险的并表管理，既要考虑银行集团的整体流动性水平，又要考虑附属机构的流动性风险状况及其对银行集团的影响。商业银行无论采用集中、分散或二者相结合的流动性风险管理模式，都应当确保对集团层面、法人层面和各附属机构、各业务条线的流动性风险进行有效识别、计量、监测和控制。

商业银行应当设立集团内部融资和交易限额，分析银行集团内部负债集中度对流动性可能带来的负面影响，防止分支机构或附属机构过度依赖集团内部负债，减少压力情景下的风险传递。

商业银行应当充分了解境外分支机构、附属机构或业务所在国家或地区与流动性管理相关的法律法规和监管规定，充分考虑流动性转移限制、资本管制以及金融市场发展差异程度等因素对并表流动性风险管理的影响。

第三十一条 商业银行应当按照本外币合计和重要币种分别进行流动性风险识别、计量、监测和控制，对其他币种的流动性风险可以进行合并管理。

重要币种是指以该货币计价的负债占商业银行负债总额5%以上的货币。

第三十二条 商业银行应当审慎评估信用风险、市场风险、操作风险及声誉风险等其他类别风险对流动性风险的影响。

第四节　管理信息系统

第三十三条 商业银行应当建立完备的管理信息系统，准确、及时、全面计量、监测和报告流动性风险状况。管理信息系统应当实现以下功能：

（一）每日计算各个设定期限的现金流入、流出及缺口。

（二）按时计算流动性风险监管和监测指标，并根据需要加大监测频率。

（三）支持流动性风险限额控制。

（四）支持对大额资金流动的实时监控。

（五）支持对优质流动性资产价值和构成的监测。

（六）支持在不同假设情景下实施压力测试。

第三十四条 商业银行应当建立规范的流动性风险报告制度，明确各项流动性风险报告的内容、形式、频率和报送范围，确保董事会、高级管理层和其他管理人员及时了解流动性风险水平及其管理情况。

第三章 流动性风险监管

第一节 流动性风险监管指标

第三十五条 流动性风险监管指标包括流动性覆盖率、净稳定资金比例、存贷比和流动性比例。

商业银行应当持续达到本办法所规定的流动性风险监管指标最低标准。

第三十六条 流动性覆盖率旨在确保商业银行在设定的严重流动性压力情景下，能够保持充足的、无变现障碍的优质流动性资产，并通过变现这些资产来满足未来30日的流动性需求。其计算公式为：

流动性覆盖率＝优质流动性资产储备/未来30日现金净流出量＊100%

优质流动性资产是指满足本办法附件二规定的基本特征，在无损失或极小损失的情况下可以容易、快速变现的资产。

未来30日现金净流出量是指在设定的压力情景下，未来30日的预期现金流出总量减去预期现金流入总量。

商业银行的流动性覆盖率应当不低于100%。

第三十七条 净稳定资金比例旨在引导商业银行减少资金运用与资金来源的期限错配，增加长期稳定资金来源，满足各类表内外业务对稳定资金的需求。其计算公式为：

净稳定资产比例＝可用的稳定资金/所需的稳定资金＊100%

可用的稳定资金是指在持续压力情景下，能确保在1年内都可作为稳定资金来源的权益类和负债类资金。

所需的稳定资金等于商业银行各类资产或表外风险暴露项目与相应的稳定资金需求系数乘积之和，稳定资金需求系数是指各类资产或表外风险暴露项目需要由稳定资金支持的价值占比。

商业银行的净稳定资金比例应当不低于100%。

第三十八条 存贷比的计算公式为：

存贷比＝各项贷款余额/各项存款余额＊100%

商业银行的存贷比应当不高于75%。

第三十九条 流动性比例的计算公式为：

流动性比例=流动性资产余额/流动性负债余额*100%

商业银行的流动性比例应当不低于25%。

第四十条 商业银行应当在法人和集团层面，分别计算未并表和并表的流动性风险监管指标，并表范围比照《商业银行资本管理办法》的相关规定。

在计算并表流动性覆盖率时，如集团内部存在跨境或跨机构的流动性转移限制，相关附属机构满足自身流动性需要之外的优质流动性资产不能计入集团的优质流动性资产中。

第二节 流动性风险监测

第四十一条 银监会应当从商业银行资产负债期限错配情况、负债的多元化和稳定程度、优质流动性资产储备、重要币种流动性风险状况以及市场流动性等方面，定期对商业银行和银行体系的流动性风险进行分析和监测。

银监会应当充分考虑单一的流动性风险监管指标或监测工具在反映商业银行流动性风险方面的局限性，综合运用多维度的方法和工具对流动性风险进行分析和监测。

第四十二条 银监会应当定期监测商业银行的所有表内外项目在不同时间段的合同期限错配情况。合同期限错配情况的分析和监测应当涵盖从隔夜、7天、14天、1个月、2个月、3个月、6个月、9个月、1年、3年、5年到超过5年等多个时间段。相关参考指标可以包括上述各个时间段的流动性缺口和流动性缺口率。

第四十三条 银监会应当定期监测商业银行负债的多元化和稳定程度，并分析其对流动性风险的影响。银监会应当按照重要性原则，分析商业银行的表内外负债在融资工具、交易对手、币种等方面的集中度。相关参考指标可以包括核心负债比例、同业市场负债比例、最大十户存款比例及最大十家同业融入比例等。

银监会对负债集中度的分析，应当涵盖1个月以下、1-3个月、6个月-1年和1年以上等多个时间段。

第四十四条 银监会应当定期监测商业银行优质流动性资产的数量、类别和所在地，包括库存现金、存放中央银行的准备金以及向中央银行或市场融资时可以用作抵押品的流动性资产。

商业银行用优质流动性资产向中央银行或市场进行融资时，银监会还应当监测抵押率以及优质流动性资产的预期可变现价值。

第四十五条 银监会可以根据商业银行外汇业务规模、货币错配带来的潜在流动性风险、对市场的影响等因素决定是否对商业银行重要币种的流动性风险进行单独监测。相关参考指标可包括重要币种的流动性覆盖率等。

第四十六条 银监会应当密切跟踪研究宏观经济政策调整和金融市场变化对银行体系流动性的影响，分析、监测金融市场的整体流动性状况。银监会发现市场流动性紧张、融资成本提高、优质流动性资产变现能力下降或丧失、流动性资产的转移受限等迹象，应当及时分析其对银行外部市场融资能力的影响。

银监会分析市场流动性时，相关参考指标可以包括银行间市场同业拆借利率及成交量、银行间市场回购利率及成交量、国库定期存款招标利率、票据转贴现利率及证券市场相关指数等。

第四十七条 除本办法列出的流动性风险监管指标和监测参考指标外，银监会还应当根据商业银行的业务规模、性质、经营模式、复杂程度和流动性风险特点，采用商业银行内部的流动性风险指标等其他工具，实施流动性风险监测。

第三节 流动性风险监管方法和手段

第四十八条 银监会应当按照本办法规定，通过非现场监管、现场检查以及与商业银行的董事、高级管理人员的监督管理谈话等方式，运用流动性风险监管指标和监测工具，在法人和集团层面，对商业银行的流动性风险水平及流动性风险管理有效性进行评估。

第四十九条 商业银行应当按照规定向银监会报送与流动性风险有关的财务会计、统计报表和其他报告。委托社会中介机构对其流动性风险水平及流动性风险管理体系进行审计的，还应当报送相关的外部审计报告。

银监会可以根据商业银行的业务规模、性质、经营模式、复杂程度和流动性风险特点决定商业银行报送流动性风险报表和报告的内容和频率。

第五十条 商业银行应当于每年4月底前向银监会报送年度流动性风险管理报告，包括可承受的流动性风险水平、流动性风险管理策略、主要政策和流程、内部监测指标和限额、应急计划及其演练情况等主要内容。

商业银行对上述策略、政策和程序进行重大调整的，应当在1个月内向银监会书面报告调整情况。

第五十一条 商业银行应当按季向银监会报送压力测试报告，包括压力情景和假设、压力测试结果、必要时进行的事后检验结果，以及根据压力测试结果对可承受的流动性风险水平、流动性风险管理策略、政策、程序、限额和应急计划的调整情况。

第五十二条 商业银行应当及时向银监会报告下列重大事项、拟采取的应对措施和相关的流动性安排。

（一）商业银行评级出现重大下调。

（二）商业银行大规模出售资产以提高流动性。

（三）商业银行重要融资渠道即将受限或失灵。

（四）外部市场流动性状况发生重大不利变化。

（五）本机构或机构所在地区发生挤兑事件。

（六）对资产或抵押品跨境转移政策出现不利于流动性管理的重大调整。

（七）集团、母行和境外分支机构经营状况、信用评级或所在国家或地区的政治、经济状况发生重大的不利变化。

（八）集团或母行出现流动性困难。

（九）其他可能对商业银行流动性风险水平及其管理状况产生不利影响的重大事件。

外资法人银行境内本外币资产低于境内本外币负债、集团内跨境资金净流出比例超过 25%，以及外国银行分行跨境资金净流出比例超过 50% 时，应当在两个工作日内向银监会报告。

第五十三条 银监会可以根据对商业银行流动性风险水平及其管理状况的评估结果决定流动性风险管理现场检查的内容、范围和频率。

第五十四条 商业银行应当定期披露有关流动性风险及其管理信息，包括但不限于：

（一）流动性风险管理体系和治理结构，其中应当特别说明董事会及其专门委员会、高级管理层及相关部门的职责和作用。

（二）流动性风险管理策略以及重要政策和程序。

（三）流动性风险管理模式。

（四）识别、计量和监测流动性风险的主要方法和程序。

（五）流动性风险主要监测指标及简要分析。

（六）影响流动性风险的主要因素。

（七）压力测试情况。

第五十五条 对于流动性风险管理体系存在明显缺陷、流动性风险过高的商业银行，银监会应当要求其限期整改。对于逾期未整改的商业银行，银监会有权采取下列措施：

（一）与商业银行高级管理层、董事会进行审慎性会谈。

（二）要求商业银行进行更严格的压力测试、提交更有效的应急计划。

（三）要求商业银行增加流动性风险管理报告的频率和内容。

（四）增加对商业银行流动性风险管理的现场检查频率。

（五）限制商业银行开展收购或其他大规模业务扩张活动。

（六）要求商业银行降低流动性风险水平。

（七）要求商业银行增加优质流动性资产储备。

（八）提高对商业银行的资本充足率要求。

（九）《中华人民共和国银行业监督管理法》以及其他法律、行政法规和部门规章规定的有关措施。

对于集团或母公司出现流动性困难的商业银行，银监会可以对其与集团或母公司之间的资金往来提出限制性要求。

根据外资银行的流动性风险状况，银监会可以对其境内资产负债比例、跨境资金净流出比例提出限制性要求。

第五十六条 对于未遵守流动性风险监管指标监管标准的商业银行，银监会应当要求其限期整改，并视情形采取《中华人民共和国银行业监督管理法》第三十七条、第四十六条规定的监管措施或行政处罚。

第五十七条 对于未按规定提供流动性风险报表或报告、未按规定进行信息披露或提供虚假报表、报告的商业银行，银监会可以视情形实施《中华人民共和国银行业监督管理法》第四十六条、第四十七条规定的行政处罚。

第五十八条 银监会应当与境内相关部门及境外监管机构协调合作，共同建立流动性风险应急处置联动机制，并制定商业银行流动性风险监管应急预案。

在影响单家机构或市场的流动性事件发生时，银监会应当在与境内相关部门及境外监管机构充分沟通协作的基础上，适时启动流动性风险监管应急预案，降低上述事件对金融体系及宏观经济的负面冲击。上述流动性事件包括但不限于：

（一）银行财务状况明显恶化。

（二）银行通过市场融资或吸收存款获取资金的途径即将丧失。

（三）银行信用评级大幅调低。

（四）集团内部机构之间或跨境的流动性转移出现重大不利变化。

（五）出现严重的市场紊乱，对支付清算系统造成明显冲击。

第四章　附　　则

第五十九条　除另有规定外，政策性银行、农村合作银行、村镇银行、外国银行分行和城市信用社、农村信用社等其他银行业金融机构参照本办法执行。

第六十条　外资法人银行应当具备独立的本地流动性风险管理能力。外资法人银行董事会应当保持对本行资金调拨的最高权限。

第六十一条　附件一、附件二、附件三、附件四是本办法的组成部分。

第六十二条　商业银行最迟应于2013年底前达到流动性覆盖率监管标准，2016年底前达到净稳定资金比例监管标准。

第六十三条　本办法由银监会负责解释。

第六十四条　本办法自2012年1月1日起实施。本办法实施前出台的有关规章及规范性文件如与本办法不一致的，按照本办法执行。

解读

《商业银行流动性风险管理办法（试行）》（征求意见稿）

银监会有关部门负责人

为进一步加强商业银行流动性风险管理，维护银行体系安全稳健运行，促使商业银行建立健全流动性风险管理体系，有效识别、计量、监测和控制流动性风险，中国银监会起草了《商业银行流动性风险管理办法（试行）》（征求意见稿）（以下简称《办法》），并向社会各界公开征求意见。

一、起草《办法》的背景

近年来，随着金融创新和金融市场的快速发展，商业银行流动性风险管理面临着更大的挑战，监管当局有效监管商业银行流动性风险的难度也不断加大。在此次国际金融危机中，尽管许多银行资本水平充足，但仍因丧失流动性而陷入困境，主要原因是其流动性风险管理体系存在明显缺陷，未能有效实施稳健的流动性风险管理原则。本次金融危机还反映了市场流动性状况可能迅速逆转，流动性萎缩状况可

《最新法律文件解读》丛

稿　约

为更好地服务司法与行政执法工作,加强法制宣传,提

力,人民法院出版社2005年起正式出版《最新法律文件解

欢迎您向以下栏目赐稿:

【最新法律文件解读】主要是对最新颁行的法律文

法和执法人员正确理解法律文件的立法背景、意义、重

注意的问题、与相关法律文件的衔接与互动关系等等。

【司法工作热点问题研究】主要刊登对司法理论、实

中的热点、疑难问题进行研究及评论的文章。

【新类型疑难案例选评】主要是对司法和行政执法

代表性的疑难案例,结合具体案情以及审理或处理结果

评,解析认识问题的方法、处理问题的法律依据和在个

篇点评文章一般在两三千字左右为宜,并拟出点评题目

【法学前沿与新视点】以摘要的形式刊登相关法学

及具有代表性和典型性的前沿问题,扩展法学研究的深

【法律适用热点、疑点、难点问题解答】主要针对司

面临的新问题、热点问题、疑难问题进行简要地解答,指

明确法律适用依据。

稿件一经刊用,即付稿酬,稿酬从优。

《刑事法律文件解读》　兰丽专　邮箱:lanlizhuan@

《民事法律文件解读》　肖璟璟　邮箱:courtbook@

《行政与执行法律文件解读》　姜　峤　邮箱:jiang

《商事法律文件解读》　姜　峤　邮箱:jiang9919@

人民法院

《最新法律文件解

能持续较长时间。因此,加强对商业银行流动性风险的管理和监管,对于维护银行体系和金融市场安全稳健运行,具有重要意义。

危机后,国际社会对流动性风险管理和监管予以前所未有的重视。巴塞尔银行委员会相继出台了《稳健的流动性风险管理与监管原则》(以下简称《稳健原则》)和第三版巴塞尔协议的《流动性风险计量标准和监测的国际框架》(以下简称《计量标准》),构建了商业银行流动性风险管理和监管的全面框架,在强化资本监管标准的同时,首次提出了全球统一的流动性风险监管定量标准。

在我国,随着银行业经营环境、业务模式、资金来源的变化,加强流动性风险管理的必要性和紧迫性也日益突出。2010年12月,第三版巴塞尔协议正式出台后,银监会借鉴国际金融监管改革成果,在广泛调研、充分论证的基础上,对现行的《商业银行流动性风险管理指引》(以下简称《指引》)进行了充实和完善,起草了《办法》。

二、起草《办法》的目的和基本思路

起草《办法》的目的是引导和督促商业银行进一步提高流动性风险管理的精细化程度和专业化水平,合理匹配资产负债结构,增强商业银行和整个银行体系应对流动性压力冲击的能力。起草《办法》的基本思路是:

1. 定性与定量监管要求相结合

《办法》进一步充实、完善了《指引》中流动性风险管理和监管的定性要求,促进我国银行业建立全方位的流动性风险识别、计量、监测、控制体系,提升流动性风险管理水平。此外,《办法》参考第三版巴塞尔协议《计量标准》,结合我国商业银行经营管理实际,构建了多维度、多情景的流动性风险监管指标和监测体系,包括一系列监测工具。

2. 微观审慎与宏观审慎视角相结合

此次金融危机证明,市场流动性状况对银行的流动性风险具有重大影响。因此,《办法》将宏观审慎视角引入流动性风险管理和监管中,要求监管机构和商业银行密切跟踪研究宏观经济金融政策调整和金融市场变化对银行体系流动性的影响,监测分析市场的整体流动性状况,尽早发现市场流动性紧张、融资成本提高等迹象,并及时采取应对措施。

3. 中外资银行监管要求相结合

此次金融危机后,各国普遍加强了对外资银行流动性自足能力的监管。《办法》统一了对中外资银行具有共性的流动性风险监管要求,以建立覆盖中外资银行流动性风险管理和监管的完整制度框架,同时也针对外资银行流动性风险管

理的特殊性作出了一些规定。

此外，针对我国商业银行跨境经营和集团化发展的趋势，《办法》还进一步强调了银行集团的并表流动性风险管理要求，并规定对重要币种应单独实施流动性风险管理。

三、《办法》的主要结构和内容

《办法》共4章64条，4个附件。第一章“总则”主要明确了流动性风险的定义，以及对银行流动性风险管理和监管机构实施流动性风险监管的总体要求。第二章“流动性风险管理”提出了银行流动性风险管理体系的整体框架，并对流动性风险管理治理结构；流动性风险管理策略、政策和程序；流动性风险识别、计量、监测、控制；管理信息系统等基本要素用单独成节的方式进行了具体规范。第三章“流动性风险监管”规定了四项流动性风险监管指标，提出了多维度的流动性风险监测分析框架及工具，明确了流动性风险的监管方法和手段。第四章“附则”明确了《办法》的适用范围、实施时间及过渡期安排等。《办法》的四个附件具体说明了流动性风险管理体系重点环节的技术细节、流动性覆盖率和净稳定融资比例的计算方法和参数设置、流动性风险监测的参考指标以及外资银行流动性风险相关指标的计算方法。

的流
完善
时，
和融
理、
表和
项内
划等
性，
风险
水平。
在
鉴国
流动性
流动性
涵盖资
的多元
资产储
市场流
险分析
四
施时间
《
立的所
银行、
外国银
信用社
执行。
日开始
2013年
管标准
金比例